陶行知教育思想研究新视野丛书

陶行知乡村教育思想与新时代乡村教育改革

张济洲 著

张策华 主编

河海大学出版社
HOHAI UNIVERSITY PRESS

·南京·

图书在版编目(CIP)数据

陶行知乡村教育思想与新时代乡村教育改革 / 张济洲著. -- 南京：河海大学出版社，2023.12
（陶行知教育思想研究新视野丛书 / 张策华主编）
ISBN 978-7-5630-8587-3

Ⅰ. ①陶… Ⅱ. ①张… Ⅲ. ①陶行知(1891-1946) — 乡村教育—教育思想—研究②乡村教育—研究—中国 Ⅳ. ①G40-092.6②G725

中国国家版本馆CIP数据核字（2023）第 240033 号

书　　名	陶行知乡村教育思想与新时代乡村教育改革
书　　号	ISBN 978-7-5630-8587-3
责任编辑	杜文渊
特约校对	李　浪　杜彩平
装帧设计	秦永诚
出版发行	河海大学出版社
地　　址	南京市西康路1号（邮编：210098）
电　　话	（025）83737852（总编室）
	（025）83722833（营销部）
经　　销	江苏省新华发行集团有限公司
排　　版	南京布克文化发展有限公司
印　　刷	广东虎彩云印刷有限公司
开　　本	718毫米×1000毫米　1/16
印　　张	11.75
字　　数	210千字
版　　次	2023年12月第1版
印　　次	2023年12月第1次印刷
定　　价	49.80元

目录 CONTENTS

第一章 近代乡村社会内卷化与乡村教育危机 …………………… 001
  第一节 近代乡村社会基层结构内卷化 …………………………… 002
    一、近代乡村社会士绅阶层内卷化 ……………………………… 002
    二、近代乡村社会伦理衰退与文化权力蜕变 …………………… 004
    三、乡村地方政权内卷化与绅权劣质化 ………………………… 005
  第二节 新学的兴起和近代乡村教育危机 ………………………… 007

第二章 近代乡村教育改革中的文化冲突及其表现 ……………… 015
  第一节 乡间私塾的文化霸主地位 ………………………………… 015
  第二节 乡村国民学校与私塾的冲突 ……………………………… 016
    一、"洋学"在乡村教育文化竞争中落败 ……………………… 016
    二、乡村教师的文化冲突 ………………………………………… 018
    三、乡村教育改革与底层民众需求的严重疏离 ………………… 019

第三章 陶行知乡村教育改造历程及其时代境遇 ………………… 023
  第一节 陶行知乡村教育改造的时代背景 ………………………… 024
  第二节 陶行知的乡村教育改造历程 ……………………………… 027
    一、陶行知乡村教育思想萌芽阶段 ……………………………… 028
    二、陶行知乡村教育思想觉醒阶段 ……………………………… 029
    三、陶行知乡村教育思想拓展阶段 ……………………………… 031
  第三节 陶行知乡村教育理论的时代境遇 ………………………… 033

第四章　陶行知晓庄师范创建与近代乡村师范教育运动 …… 034
第一节　"师范下乡"与近代乡村师范教育运动的勃兴 …… 037
第二节　南京晓庄试验乡村师范与生活教育理论践行 …… 042
一、南京晓庄试验师范——近代乡村师范教育的标杆 …… 042
二、南京晓庄试验乡村师范与生活教育理论践行 …… 050
第三节　陶行知"艺友制"师范教育模式及其当代价值 …… 053
一、何谓艺友制 …… 053
二、艺友制师范教育模式特点、内涵及其方法论创新 …… 056
三、艺友制对当前乡村教师教育改革的时代价值 …… 058

第五章　陶行知乡村教师功能重构与乡村社会改造路径 …… 063
第一节　民国乡村教师的身份困境及其功能缺失 …… 063
第二节　陶行知乡村教师思想与乡村教师功能重构 …… 069

第六章　陶行知之问与乡村教育难题积重难返 …… 088
第一节　陶行知之问与百年乡村教育变迁之痛 …… 088
一、陶行知乡村教育之问与新式教育的"离乡" …… 088
二、村村办小学与乡村教育被边缘化 …… 092
三、文字上移与乡村教育"悬浮" …… 095
四、乡村教育究竟为了谁——百年乡村教育演变之痛 …… 097
第二节　乡村教育难题积重难返与乡村教育价值危机 …… 099
一、乡村教育城镇化的结构性困境 …… 100
二、乡村教育主体价值取向的工具理性化 …… 104
三、乡村文化认同失衡化 …… 107
四、乡村教育价值危机 …… 110
第三节　陶行知之问的产生与乡村教育转向 …… 112
一、陶行知之问产生的社会原因与陶行知乡村教育改造 …… 113
二、乡村教育价值重构与乡村教育转向 …… 118

第七章　新陶行知运动与新时代乡村教育振兴 ······ 123
第一节　新时代呼唤新陶行知 ······ 123
一、新时代乡村教育振兴政策落地 ······ 123
二、新时代呼唤扎根乡村教育的"大先生" ······ 127
第二节　以陶为师与新时代乡村教育振兴 ······ 128
一、陶行知乡村教育改造思想的新时代价值 ······ 129
二、以陶为师,推进乡村教育振兴 ······ 131
第三节　新时代"陶行知式"乡村教师的个案分析 ······ 133
一、坚守乡村教育初心,做"陶行知式"乡村教师 ······ 133
二、关怀乡村农家子弟公平而有质量的教育,尊重教育规律 ······ 134
三、以陶为师,做强品牌,传播行知文化 ······ 136
四、专注乡村教师成长,弘扬行知精神 ······ 139

第八章　以乡村教育促进乡村社会发展:陶行知与乡村教育改革的时代抉择 ······ 142
第一节　乡村教育促进乡村社会发展 ······ 142
第二节　嵌入乡村社会:职业教育促进乡村振兴的逻辑前提、实践机制 ······ 149
一、职业教育嵌入乡村社会的逻辑要求 ······ 152
二、职业教育嵌入乡村社会的实践机制 ······ 159
第三节　"离农"抑或"为农"——乡村教育改革的时代抉择 ······ 164
一、城市化导向的"离农"教育有助于农村学生实现社会流动 ······ 164
二、"为农"教育片面强调立足农村社会,实际不利于农村学生社会流动 ······ 166
三、城乡教育一体化中的"和而不同"和"美美与共" ······ 168

参考文献 ······ 171

第一章 近代乡村社会内卷化与乡村教育危机

罗荣渠在《现代化新论》一书中,从西欧早期现代化与东亚晚近现代化的比较中总结了落后国家走向现代化的前提条件与方式。其中前7项都适用于东亚晚近现代化改造。它们分别是:"(1)一元型专制结构,王权与小农经济牢固结合,旧制度在外来因素的冲击下逐渐解体;(2)面对激烈竞争不断加剧的资本主义世界,国际发展差距和技术差距都愈来愈大;(3)人口高增长出现在现代化启动之前,年平均增长率约是20‰~30‰;(4)外来异质文化(现代西方文化)对本土文化的挑战与渗透;(5)内部资本主义因素微弱,外来挑战造成民族危机和社会危机,自我转型困难;(6)被西方资本主义边缘化或半边缘化,但可利用外资、外债和外国先进技术,发挥迟发展优势;(7)一般以政治革命或改革为先导,推动经济改革与技术革新,变革的总趋势是自上而下。"[①]清末民初是我国由传统国家向民族国家过渡的时期。科举制度的废除晚清社会逐步实现了由"科举化社会"向"学校化社会"的转向,由松散的教育空间向国家化和制度化教育空间的转向。传统乡村社会以"伦理本位,职业分途"为特征,乡村社会在自身固有逻辑轨道上运转,介于官与民之间的绅士群体维系着乡村无为而治。中国封建体制是高度集中的皇权政治和自给自足的分散小农经济并存,传统社会是以儒家的政治标准和价值来选拔人才、凝聚人心和获取地位、名望和权力为基本途径。近代以来乡村社会破产实质上是乡村伦理破产和乡村文化权力的蜕变。中国社会是乡村社会,中国传统文化的根在乡村,道德和理性的根在乡村,梁漱溟用树来比

---

① 罗荣渠:《现代化新论》(增订本),北京:商务印书馆,2004年,第183-184页。

喻乡村社会面临的危机。西方资本主义及其文化的侵入，便从根本上打破这种"散漫自由"的自给自足的村落社会结构，同时逐渐动摇了与这一社会结构相维系的儒家文化价值系统。

第一节 近代乡村社会基层结构内卷化

古代社会"皇权止于县政""天高皇帝远"，说明了国家与乡村社会关系是疏远的，乡村社会在自身固有逻辑轨道上运转，介于官与民之间的绅士群体维系着乡村无为而治。韦伯在《儒教与道教》一书中，指出了中国的中央行政权力十分有限，官僚体制无法穿透地方。封建皇权不可能直接介入分散、彼此隔绝的乡村社会。对于历史上国家权威与基层社会的关系，学术界基本上形成一种共识，国家的控制力有限，正式的行政机构止于县一级，即所谓"皇权止于县政"，县以下存在相当自治性的地方组织。韦伯在论述中国传统社会组成和权力结构的时候认为，村落是一种离旧政府的功能甚遥远的自治单位。封建皇权延伸到县政，县以下广大乡村依靠绅士和乡间惯例无为而治。事实上，正规的政权在村落里并不施行任何控制，它把自己的社会监察功能让渡给村庙、地方名人、家族的族老。

在传统社会，广袤而辽阔的乡村主要依靠绅士自治。传统社会，诚如费孝通所言，存在一种"双轨政治"：一方面是自上而下的皇权政治，另一方面则是自下而上的绅权政治。前者代表国家的正式力量，后者代表民间的非正式力量。正是因为有这种政治制度的设计，造成了一种城乡之间、官民之间的良性循环。出身乡村社会的士绅阶层一般都希望经历一个从"金榜题名""学而优则仕"到"落叶归根""造福桑梓"的生命循环，即便家境贫寒的乡村学子，也会得到家族、地方的资助和支持，因为他们读书、出仕以后还将荣归故里，为乡村社会服务。传统中国，农民自身的生产和生活是由乡里社会自身的运行逻辑所决定，国家与乡村呈现分离的状态。

一、近代乡村社会士绅阶层内卷化

古代中国行政官僚体系的扩张受到限制，主要在于农业社会是"匮乏经济"，不足以支撑行政体制的扩张的成本。费孝通认为乡土中国的权力结构主要由"同意权力"和"教化权力"组成,中国传统的农业经济所生产的,不足以提供横暴型政治所需要的大量资源,因此封建帝王通常采用"无为而治"来平天下,让乡土社会自己用社区的契约和教化进行社会平衡,从而造成农村社会"长老统治"局面。"绅为一邑之望,士为四民之首"①,士绅是当地社会生活的主导和领袖。具有科举功名的士绅是中国乡村社会的精英。

19世纪中国乡绅总数超过百万,中国这一独特的社会结构决定了皇权介入的有限性。在清代以前,中国社会具有一种独特的组织结构,正式领取俸薪的官僚人数极少。19世纪末期,清朝中央政府官员2 622人,地方官13 007人,武官7 464人,共计约23 000人。而当时全国人口已突破4亿,平均每名正式官员需要治理17 000余人。相比18世纪末,中国每一知县统治的人数为30万人,而革命前的法国,每一地方行政官员统治的人口是3 000人。② 中国封建体制是高度集中的皇权政治和自给自足的分散小农经济并存。封建皇权不可能直接介入分散、彼此隔绝的乡村社会。封建皇权延伸到县政,县以下广大乡村依靠绅士和乡间惯例无为而治。事实上,正规的政权在村落里并不施行任何控制,它把自己的社会监察功能让给村庙、地方名人、家族的族老。

费孝通于1947年提出"差序格局"的概念,作为考察乡土中国社会关系的主要特征。以己为中心按照亲疏远近的原则向外推而形成涟漪状的社会结构。"以'己'为中心,像石子一般投入水中,和别人所联成的社会关系,不像团体中的分子一般大家立在一个平面上的,而是像水的波纹一般,一圈圈推出去,愈推愈远,也愈推愈薄。在这里我们遇到了中国社会结构的基本特性。我们儒家最考究人伦,伦是什么呢?我的解释就是从自己推出去的和自己发生社会关系的那一群人里所发生的一轮轮波纹的差序"③。

费孝通认为,中国乡土社会的基层结构是一种差序格局,是一个"一根根私人联系所构成的网络"。这种格局与西方"团体格局"有所不同。士绅阶层是中国传统社会结构中一个独特的社会群体或层面。他们位居"四民"之首,介乎于官民之间,在维系社会秩序的稳定运行中发挥着举足轻重的作用。传统社会存

---

① 王先明:《中国近代绅士阶层的社会流动》,《历史研究》,1993年第2期,第82页。
② 周积明、宋德金:《中国社会史论》(下卷),武汉:湖北教育出版社,2000年,第574页。
③ 费孝通:《乡土中国 生育制度》,北京:北京大学出版社,2006年,第22-23页。

在双轨政治:"皇权政治"和"绅权政治"。在皇权圣谕与大众民意之间,士绅扮演上传下达的角色,传统乡村士绅用他们的特殊地位,对官府保持自己的影响力,绅权在一定程度上成为乡村地方利益的"缓冲器"。

20世纪以来,科举废除、国家政权下沉以及士绅城市化打破了双轨政治中的自上而下的一轨。1905年科举制度废除,乡村社会不再存在一个稳定的士绅阶层来充任乡村文化生活和社会生态环境组织者和调节者。自下而上的"一轨"实际上被取消了,"双轨政治"变成了"单轨政治",乡村士绅移居城市,原来城乡之间互动循环的社会结构被彻底打破,只存在乡村到城市的单向流动(指精英分子),乡村社会不再留得住人才了。科举制的废除割断了士绅阶层与国家政权制度上的联系,而且也废除了科举取士这一乡村精英(当然包括更大范围的精英)的产生机制。科举的废除,对于农村士绅来说,无异于釜底抽薪。中国农村不再存在一个稳定的士绅阶级来充任农村文化生活和社会生态环境的组织者和调节者。占据乡村权力中心的士绅阶层失去了制度性补充,从而在很大程度上中断了士绅阶层的继替常规,农村文化权力结构逐步发生蜕变。

二、近代乡村社会伦理衰退与文化权力蜕变

以梁漱溟为代表的乡村文化建设派,从儒家文化恢复上来挽救日益破产的乡村。梁漱溟认为,乡村伦理是乡村社会的根,"中国好比一棵大树,近几十年外面有许多力量来摧毁它,因而这棵大树便渐就焦枯了。先是从叶梢上慢慢地焦枯下来,而枝条、而主干,终究而至于树根;现在这根树根也将朽烂了!……现在趁这棵老树还没有完全朽烂的时候,必须赶快想法子从根上救活它;树根活了,然后再从根上长出新芽来,慢慢加以培养扶植,才能再长成一棵大树"[①]。梁漱溟认为,原来中国社会是以乡村为基础,并以乡村为主体的;所有文化,多半是从乡村而来的,又为乡村而设,法制、礼俗、工商业莫不如是。

乡村社会伦理衰退,乡村士绅外流趋势,使得乡村社会遭受到前所未有的"侵蚀"。梁漱溟试图通过乡农学校这一民间化、情谊化的乡村组织,"充分发挥中国古人的理性精神,从伦理情谊来调整社会关系,以成团体;而团体则以大家

---

① 梁漱溟:《梁漱溟全集》(第2卷),济南:山东人民出版社,2005年,第433页。

齐心向上学好求进步为目标"①。梁漱溟认为,"中国前途如何,怎样统一？我潜心研究中国几千年之文化史、经济史、社会史,对当前社会结构和状况也进行过调查摸索,提出乡村建设理论。'伦理本位,职业分途'八个字融伦理、经济、文化、教育、科技、政治、治安于一体,以乡村为基础,从普及民众教育入手,先搞实验,一个县,一个省,逐步扩大,而避免武力,结束内战"②。"中华民国"国民政府建立后,随着王朝国家向政党国家的转型,国家权力开始努力将政权体系向县以下延伸至乡、村、保甲。

三、乡村地方政权内卷化与绅权劣质化

清末新政要求村庄建立一套财政制度以资助兴办新学堂等新事业,为此国家政权开始不断地向乡村摊派经费。由于乡绅意识到建立新式学校为乡村精英及其子弟提供新的上升渠道的好处,他们传统的热衷于修庙等获得权威和声望的方式被从事兴办学校等"现代化"事业所取代。由此,华北地区大量的乡村庙宇和田产被改造为学校和校产并归村公会所有。随着新式学校等公共事业的建立和扩大,村公会被建立起来并被赋予了管理村学等新式机构的权力,更重要的是村庄成为一个征税和被征税的单位。然而到了二十世纪二三十年代,摊款负担越来越沉重,使得传统乡村领袖与民众对立,结果正直之人"退位",地痞恶棍充斥于乡村政权,从而出现了"国家政权内卷化"的情况。

"传统村庄领袖不断被赢利型经纪人所取代,村民们称其为'土豪'、'无赖'或'恶霸'。这些人无所不在,影响极坏。……进入民国之后,随着国家政权的内卷化,土豪劣绅乘机窃取各种公职,成为乡村政权的主流。"③

乡村社会严重的"空心化"。乡绅中读书人的比例降低意味着道义的约束日减,而出现所谓"土豪劣绅"的可能性递增,这是乡村社会秩序动荡的一个重要原因。新学堂的兴起,不仅使受教育者大为增加,还加速了士绅阶层的分化进程,各省"数万举贡、数万生员"不得不放弃曾经追逐的功名之途,转向能够获取新社

---

① 同上,第426页。
② 同上,第445页。
③ [美]杜赞奇:《文化、权力与国家:1900—1942年的华北农村》,南京:江苏人民出版社,2003年,第182页。

会资格的新学,社会"精英"阶层的士绅们大批流向了城市,从而使农村基层政权落入"劣绅"之手,造成清末民国初期乡村政权的严重蜕化。事实上,有文化的传统士绅的数目只能减少,而新学生又聚集城市,于是乡村中出现了权力的真空,一批地痞、无赖之徒趁机强占乡村领袖之地位。乡村基层社区的权力分割逐步发生了变化,传统正直的绅士在政府压力加重情势下,"他明白自己已成为这个时代的落伍分子,在政治又遭受前所未有的压迫,若是他真能以社区人们的利益为重,为了不愿意得罪农民,或者基于慈善的心肠,他就宁愿洁身隐退,不再过问地方的公务。即使有一天他被派着了差事,在贪官污吏横行的今日,得到了农民的拥护,就得不到政府官吏的支持,他不曾有实际的权力,也就不能忠实地执行自己的职务,结果也只有洁身隐退的一途,继之而起的是与政府官吏勾结的劣绅"[1]。

　　传统绅士退出乡村基层社区,乡村政权机构逐渐蜕化。尤其是科举废除导致绅士继替常规发生断裂,传统绅士逐步从村落的权力中心淡出,新的力量开始填补空缺,劣绅的涌现表明乡村士绅成分开始变质。一位署名舜生的作者在《中国青年》杂志发表《中国的绅士》一文,指出"他们非民非官,亦民亦官,衙门里去得,民众团体中间也去得。他们大概是资产阶级(不必一定有不动产,但一种莫名其妙的资格,已经可以使他们一生吃着不尽。),所以最富于苟且的精神,最欢喜谈的是'息事宁人',所深恶痛绝的便是革命。他们同时也是知识阶级,缘于他们的一种惰性与因袭的地位,常常为旧思想旧制度的拥护者。他们大概都是受贿要钱的,一面可以分官僚军阀的余沥,一面也可以吮吸民众的膏血。当顾问、当议员、当'高等跑腿',是他们要钱的方法。推荐厘金局长,保举县知事,办专领津贴的报纸,乃至包揽词讼,侵占官产,假慈善教育等事募捐……无一不是他们要钱的方法。他们是从旧的'仕宦之家'蜕变而来的,是从旧时的'士'的阶级蜕变而来的,是从新近的学者、财团中蜕变而来的,所以一切腐败的思想行为,他们应有尽有。近年来地方自治绝无成绩,代议制度之根本败坏,乃至教育事业弄得像今天这样无可救药,他们算是祸首罪魁"[2]。随着土豪恶霸等乡村边缘势力乘机

---

[1] 吴晗,费孝通:《皇权与绅权》,天津:天津人民出版社,1988年,第126页。
[2] 舜生:《中国的绅士》,《中国青年》,1924年第17期,第5—6页。

崛起,乡村政治腐败,一些正直的绅士或者退隐,或者迁居城市。绅士城市化、乡村精英离乡,乡村文化趋于荒漠化,事实上乡村基层民权力量主要依靠乡村士绅阶层,然绅士已纷纷离乡村而去,基层行政每况愈下,劣绅横行乡里必然引起农村不安,更加重了乡村中知识精英离乡的步伐。总之,科举制度废除之后,伴随政府权力向地方扩张,乡村中士绅成分逐步发生变质。"士绅阶级在20世纪起了分化。1905年废除了由来已久的科举制后,就不再出现有功名的士人了,同时新式中学堂和大学堂的毕业生都聚集到城市里去生活,身居外地的地主势必多起来,乡下有文化的士绅起了变化,他们的数目很可能比以前少了……地主统治阶级不再是全国最上层的士绅,不再受孔孟之道以天下为己任的训诲,他们变得甚至比以往更加狭隘自私。"①

第二节 新学的兴起和近代乡村教育危机

现代学校是国家政权渗透民间生活影响至深的象征力量,它的兴起会促使原来地方社区的文化传承转变为"现代化"的、超地方的"国家事业"。现代学校是现代性生成重要组成部分,近代以来的社会变迁基本上可以说是民族国家取代传统帝国,现代性取代传统性的过程。

在传统国家时代,国家与社会关系较为松散,国家只有"边陲"而没有"疆界",政府对社会的行政控制被限制在城市之内,同时国家象征体系与宗教同一般人民的"民俗"还保持相当大的距离,这便导致监视力的软弱。从传统国家向现代民族统一国家转型,标志着国家政权通过各种力量渗透到地方社会,日益强化其监视力。安德森在《想象的共同体》中认为,从欧洲经验来看,18世纪不仅标志着民族主义的开始,而且标志着宗教思维方式的终结。文艺复兴时期,资本主义的兴起,使欧洲拉丁语的霸权逐步得以瓦解,随之通过旧的神圣的语言所整合起来的神圣社区逐渐瓦解。滕尼斯认为共同体与民族国家"社会"之间存在天然的紧张,共同体建立在"自然的基础"之上,它的规模虽小(如家族、村落、友谊团体关系),却充分表现着思想意志的高度有机结合,是一种"持久和真正的共同

---

① [美]费正清:《美国与中国》,北京:世界知识出版社,1999年,第250页。

生活",而社会虽在规模上远远超越自然形成的地缘与血缘共同体,但它实质上无非是一种由带有各自目的的个体聚合而成,不具备实质意志的"人造机械体"。在滕尼斯看来,人类从"共同体"走向"社会",就是"从原始的、共同体的生活形式和意志形态发展为社会和社会选择意志形态的过程"。共同体的失落,社会发展的勃兴首先展现于家族、村落和地方性城市之类的"原始统治品格"为王朝、王公和骑士的形象所取代的过程中,继之又展现于民族国家的统一和商人阶层地位的上升驱使资本主义发展的过程中,而这一系列过程的展开,既促使机械式的人为社会秩序得以构成,又促使不同阶层的人,从地方—自我身份演化为"国际—社会"的个人。

吉登斯认为,现代社会转型除了"生产力"的提高(马克思)、人的理性化(韦伯)、社会分工之外,更重要的是国家形态的变化。吉登斯具体考察了国家与社会的关系从传统国家,经绝对主义国家,到现代民族—国家的演变过程,现代民族—国家是以行政力量、公民观以及全球化为其推动力,而主要的基础是配置性资源和权威性资源的增长。吉登斯认为,所谓"现代社会"与"传统社会"的差异,主要在于现代社会是以民族—国家为特征,其突出的表现是国家与社会的高度融合。造成这种国家与社会高度融合的动因,包括生产力与生产关系的变迁,同时也包括其他三种力量的发展:以信息储存和行政网络为手段的人身监视、军事暴力手段的国家化以及人类行为的工业化主义。民族—国家的成长史是以社区内部的人民不断地从地方性的制约中"解放出发",直接面对国家的全民性规范、行政监视、工业管理、意识形态的影响和制约的过程。

民族国家的构建成为重大的现代性事件。救亡图存的时代危机感,已催生了强烈的国家意识觉醒。晚清洋务派与保守派的"华夷之辩"被滥觞于清末民国初的民族国家观念所取代,在外来压力下清政府被迫启动早期现代化,与英、美等内发的资本主义国家不同,外生现代化国家经历着分娩的剧痛,而且以母体的消亡、本土传统的断裂为代价。

美国学者吉尔伯特·罗兹曼在《中国的现代化》一书中指出:科举制充当传统中国的社会和政治动力的枢纽,这种考试是为了维持儒家的国家正统的运作需要而设计的,是授予特权和打通向上层社会流动的手段,构成了社会理想的中国模式。科举制在1905年被废止,从而使这一年成为新旧中国的分水岭:它标志着一个时代的结束和另一个时代的开始,其时代的重要性甚至超过辛亥革命。

废除科举就断绝了士绅阶层法定的上升仕进之途,剥夺了其既得的政治、经济、文化特权。由于仕进之路被堵死,士绅们失去了晋升的希望和政治的屏障。清廷废除科举取士、颁布新学制、创办大量新式学堂,震撼着千百万传统教育体制下穷年累月孜孜以求的底层士子的心灵。科举废除象征着传统社会秩序和儒家文化赖以支撑的制度根基彻底断裂,它所带来的社会震荡和文化断裂是清廷所未曾预料的,对那些数十万名皓首穷经的乡村士子、以儒学舌耕为生的乡村塾师们,造成强烈的心理震撼。科举废除,整个社会上升性结构变动坍塌,在旧学中苦苦挣扎的乡村士人内心极为痛楚,他们面临从来未有之变局,受教育体制改革冲击最大的是大量的从事儒家教育的塾师,他们所面临的直接后果就是"失馆"。刘大鹏的日记清楚地反映了底层的以儒为业者所面临的窘境。"过去,科举年复一年的举行,士子年复一年的应考,周而复始,形成一种规律性的周期变化,人们都习以为常。一旦科举真的废弃,具有强大的惯性机制戛然而止,读书人一时很难适应,失落感和幻灭感是非常强烈的。"①刘大鹏对新式学堂和清末新政极端厌恶,在他看来废科举兴学堂,不仅导致乡村士人生路断绝,而且败坏社会风气。在社会大变革的背景下,刘大鹏以封建卫道士的心态固守自己的志向,光绪三十二年(1906年)五月,刘大鹏日记中所写:"自幼所学者孔孟之道,迄今谨守之不敢一疏。当此之时,国家变法,设立学堂,停止科考,士皆舍孔孟之学而学洋夷之学,区区之心,殊觉不安。而况随俗沉浮,靡然从风乎?人弃而我不弃,此其志也。"②

科举的废除,对于农村士绅来说,无异于釜底抽薪。而后中国农村不再存在一个稳定的士绅阶层来充任农村文化生活和社会生态环境的组织者和调节者。占据乡村权力中心的士绅阶层失去了制度性补充,从而在很大程度上中断了士绅阶层的继替常规,农村文化权力结构逐步发生蜕变。新学堂的兴起,不仅使受教育者大为增加,还加速了士绅阶层的分化进程,1907年,即科举制度废除后两年,新式学堂学生数即达1 024 988人。此后仍每年净增30万,至1909年时竟达1 638 884人。③ 1909年,新知识分子已超过传统士绅总数。

---

① 刘海峰:《科举制百年祭》,《北京大学教育评论》,2005年第4期,第78页。
② 刘海峰:《科举制百年祭》,《北京大学教育评论》,2005年第4期,第152页。
③ 费正清,费维恺编,杨品泉,等译:《剑桥中华民国史:1912—1949年》,北京:中国社会科学出版社,1994年,第11页。

国民党强大的政府机器若要向农村延伸,必须支付高额成本,但是政府财力不逮,被迫增加税收,榨取民间资源,随着土豪恶霸等乡村边缘势力乘机崛起,乡村政治腐败,一些正直的绅士或者退隐,或者迁居城市。绅士城市化、乡村精英离乡,乡村文化趋于荒漠化,事实上乡村基层民权力量主要依靠乡村士绅阶层,现有绅士纷纷离乡村而去,基层行政每况愈下,劣绅横行乡里必然引起农村不安,更加重了乡村中知识精英离乡的步伐。

"自清末新政以来,国家权力逐步深入乡村社会,政府不断加强对乡村教育的控制,开始改变乡村社会原有的文化权力和结构,国家与地方社会的摩擦与冲突也日渐增多。20世纪初政府在乡村推行国民基础教育过程中,各地城镇、乡村的父母拒送子女入学或入学儿童逃学现象屡见不鲜,村民愤起反抗捣毁校舍(毁学)事件超过150起。即便是在富庶的江南地区也出现抗学捐、毁学堂的现象,1910年2月,江苏宜兴农民连年灾歉,'县令征收忙漕,抑勒洋价过甚',遂触发其仇视学堂之积怨,乡民鸣锣聚众,将各学堂焚毁,并捣毁办理学务诸人之房屋,拆毁绅董的住宅。"[①]

20世纪初,一个具有近代化意义上的教育管理行政体系开始运作,但是国家行政管理机构向乡村扩张必须支付高额管理成本,由于晚清政府财政拮据,大部分章程仅是流于纸面,美国学者博思威克(Borthwick)认为,"这种管理上的变化……给流于纸面的、宽泛而又高度集权的管理体制粉饰以关键性的几笔",这样可以让政府更好地控制教育,"但在大量详尽的规定中",往往有一点被忽略,即是钱。

19世纪末至20世纪初,中国传统教化逐步向现代教化转型,废除科举,颁布新学制,创办大量新式学堂,强烈震撼乡村底层士人的心灵,20世纪整个士绅阶层急剧衰落。乡村社会失去与皇权抗衡的"缓冲地带",绅权的变质,劣绅涌现,绅民冲突日益增加。晚清以来,民变风潮中的绅民冲突呈现离散型特征,各地爆发冲突的原因基于不同的地方利益和矛盾,或因警捐抽收,或因学捐摊派,或因路捐不公,或因绅富抬高米价等,很难一概而论。其中以乡民毁学最具代表性,建设新式学堂需要高昂成本,而清政府财力捉襟见肘,因而"就地筹款"遂成为清末乡村教育经费最主要的筹集方式。

---

① 杜亚泉,胡愈之,等.《东方杂志》,上海:上海书店出版社,1910年,第418页。

1904年清学部颁布指令,要求各地方包括乡村自己筹款建立新式学堂,"仕宦之人"虽不知晓学堂为何物,但因其有利可图,都"竞言开学堂",地方的绅士们也争先效仿。作为新政产物的学堂,地方官绅乘机大肆敛财,"凡设立学堂,铺张华丽,经费甚巨,意在作育人才,而人才终不可得"①。"人视学堂如横暴之关卡",一些土豪劣绅以兴学为名,趁机渔利,任意抽收各种捐税,地方上往往是未受其利,先受其害,刘大鹏在山西太原也发现,"每学堂必筹许多经费",其来源都是向百姓抽剥,故学堂越多百姓负担越重,"趋时之人只求迎合官吏之心,不顾群黎之怨"②,凡学堂必征加税,致使民怨沸腾,动辄生变。

随着教育负担加重,乡村民众心理失衡,仇视并对新政本能产生抵触情绪,破坏新式教育的事件层出不穷。1904年继江苏发生毁学事件后,山东、四川、江西等地先后也发生乡民毁学事件。当时对时事较为关注的《东方杂志》就惊呼:"自无锡毁学之事起,四川、江西旋有毁学之事,今则广东毁学之事观矣"③,"毁学果竟成风气耶?"而考其原因,即"无非为抽捐而起"。1910年江西宜春发生的毁学事件中,全县百姓都被鼓动起来,导致各乡学堂被毁者十余区,停办者七八区,乡学一无所存。新式教育产生的乡村教育冲突事件日益升级。1910年是清末发生毁学事件最多的一个年份,江苏和浙江是发生毁学事件数量最多的两个省份,分别有39起和59起,远远超出其他省份。学捐触犯了乡民的利益,在普通乡民眼里,"学捐"就是苛捐杂税,乡民捍卫他们的信仰和利益,他们对新式学堂并不认同,视之为"蛇蝎",对之教学内容更为不理解,学校里面唱歌、体操、剪纸、拌泥等手工劳作,都是鬼混。清末政府规定,民间寺庙一律改为学堂。寺庙改为学堂破坏了农民的信仰体系,浙江慈溪流言学堂将会田充公,乡民乃聚集千余人,闯进学堂,"意图将全体教员悉行烧毙"。直隶易州因天旱求雨,乡民发现寺庙的佛像被当局毁坏,怒不可遏,焚毁自治局、中学堂等房间百余间。

在晚清最后10年间,庙产兴学形成一时风气,弥漫全国,各州县学堂占用寺庙等公产占很大的比重。捣毁学堂里的书籍、桌椅,焚烧校舍,甚至打伤教员、学生,在全国形成一股毁学风潮。占据庙产、捣毁神像破坏了民众的信仰系统,加

---

① 刘大鹏:《退想斋日记》,太原:山西人民出版社,1990年,第140页。
② 同上,第158页。
③ 杨国强:《学堂与社会之间:清末的兴学和毁学》,《上海师范大学学报》(哲学社会科学版),2021年第5期,第131页。

征新税、学堂捐及其他税,官绅从中榨取余利进一步引发民众不满;也有的是由于没收寺庙作为学校,对于利用庙产兴学的官绅来说,其主要目的就是开民智,推动国家的富强与现代化,给民众一种全新的生活。但是,新式学校从形式到内容对地方乡民来说都是陌生的,学校常常采取与周围社区隔离的方式,外人不得一窥其究竟,不尊重乡土文化和民间风俗,盲目地毁庙兴学,结果导致乡民的普遍反对。杜赞奇的研究显示,在20世纪头20年的变迁中,乡村地方社会的分化往往由士绅借办学之名,将原属于村庄公产的寺庙、祠堂、田产等变成校产,以校董名义任意支配。然而,学校的受益者却与大多数村民无关,学童多为村中权势人物之子弟。废科举后下层文人的命运困厄以及整体性反抗的缺失,表明现代学堂制度植入乡村社会,尽管在形式上造成了利益关系的调整、权力的分配等影响,但是带有功名的读书人并没有与新制度产生实质性的冲突,乡村社会下层功名的拥有者在新一轮的教育权力更替中,占据了文化资本优势。清政府对科举功名人员进行较妥适安排,至旧日举贡生员,三十岁以下者……可令入学堂。三十至五十,可入仕学、师范速成两途。其五十至六十与三十以上不能入速成科者,应为宽筹出路。科举停止后,各省教职俱系闲冗政府人员,将以各省学堂学监位置此项人员云。①

　　19世纪末至20世纪初年,中国传统教化逐步向现代教化转型。废除科举,颁布新学制,创办大量新式学堂,强烈震撼乡村底层士人的心灵。直至晚清,科举考试始终是乡村士子改善个人身份和命运的重要途径,千百万士人埋头苦读,孜孜以求,却每每困顿科场;在穷年累月的科举求仕之路,乡村读书人体验科场的艰辛,抱怨乃至愤懑之情常常溢于日记的字里行间。刘大鹏在任县议会长的短暂期间,一位老秀才怕考试不通过,"势必生路断绝",不得不"声泪俱下"请求他"庇护"。②刘大鹏内心不愿意放弃自己的私塾生活,认为"其中一切章程全遵日本之所为"。对于新学堂的设立"极要极多","所学者皆洋夷之学",且"毕业以一年三年为限",刘大鹏极为不满,仍然沉溺于中世纪亦读亦教的田园生活,新式学堂的体操课在刘大鹏眼里,成了"师弟无等级,将读书气象全行扫除"的表征。1905年有人劝刘大鹏办理"蒙养晋祠蒙养小学堂",但他认为"此举在于使余从

---

① 关晓红:《科举停废与近代乡村士子——以刘大鹏、朱峙三日记为视角的比较考察》,《历史研究》,2005年第5期,第91—92页。

② 罗志田:《权势转移:近代中国的思想、社会与学术》,武汉:湖北人民出版社,1999年,第180页。

新"。1908年9月刘大鹏将学堂之害归纳为三点：老师宿儒坐困于家乡,仰屋而叹;即聪慧子弟,亦多弃儒而经商;凡入学堂肄业者,莫不染乖戾之习气,动辄言平等自由,父子之亲、师长之尊,均置不问。山西省将书院改成大学堂,主要开设西学课程,而且聘请洋人为师,而且一些旧学人士都辞职了。刘大鹏欣赏他们有志气。面对制度变革,年过中旬的刘大鹏显然缺乏主动应变的能力,而是一味沉陷在怨天尤人的情绪中。但是历经洋务运动、甲午战争、维新运动等多次变革,中国社会的渐进变动已经波及科举考试,儒学的正统地位受到西学的冲击,刘大鹏之类仍然维护孔孟之道,显然已经落后于时代了。但是士人的心态在转变,乡村新式教育在扩展,连刘大鹏这样的"顽固者"也不得不承认现实："近年来为学之人,竟分两途,一曰守旧,一曰维新。守旧者惟恃孔孟之道,维新者独求西洋之法。守旧则违于时而为时人所恶,维新则合于时而为时人所喜,所以维新者日益多,守旧者日渐少也。"[①]封闭而沉寂的乡村社会在西学冲击和侵蚀之下,固有的文化和权力结构正在改变,像刘大鹏之辈的沉沦和没落恰恰是旧文化殉道者的象征。

　　处于近代教育文化转型过程中的乡村士子又经受着趋新与守旧嬗变的痛苦和抉择。科举制度的废止,从根本上使国家丧失了维系儒家意识形态和儒家价值体系的正统地位的根本手段。中国社会历史结构变迁中心问题实际上是社会资源(包括政治权力、经济财富及社会声望与地位)的不断再分配,统治阶级的不断再生产;从个体角度来说则是个人在社会中所拥有的合理期望,个体所不断寻求的上升途径和发展机会。面对"千古未有之亟变",整个士绅阶层急剧分化,他们开始寻找自己的发展机会,相对淡漠了身份,更加注重社会生活中实际利益的获得。他们或转向近代资产者,如绅商;或流向自由职业者,举凡公司、企业、学堂、报馆等一切新的、切合社会生活的近代事业,都对士绅有一种感召力;有的甚至沦落到下层社会。科举时代的遗留群体与现代学堂制度尽管存在诸多极为明显的紧张感,但是它们之间不是水火不相容,而是存在妥协、调和乃至相通之处,展示现代性进程中的复杂张力。从思想深处刘大鹏依旧维持着对学堂制度的口诛笔伐,但是观察其行动,早在光绪二十八年(1902年)刘大鹏却将长子送进山西大学堂接受新式教育。近代中国处在一个剧变、转型的历史时期,在各个社会

---

① 刘大鹏:《退想斋日记》,太原:山西人民出版社,1990年,第143页。

阶层中,士绅阶层的演化和错动最为明显,其产生的社会、历史效果也较为显著。近代社会的急剧变革、儒家主流价值体系崩溃带来了乡村士人思想流变,在复杂利益的考量下,传统"士"阶层自觉或不自觉实现身份转变和职业流动,乡村士子转型中言论、行动所表现出的矛盾与悖论,展示20世纪初年教育大变革背景下,历史如何塑造了个人,个人又如何参与了历史的创造,从而加深我们对近代教育进程复杂性和多样化的理解,丰富我们对教育历史的感性认识。

第二章　近代乡村教育改革中的文化冲突及其表现

20世纪以来，国家力量不断向乡村渗透，乡村中的新式学校是国家意志的体现，它替代了传统血缘关系的宗族设学，代表了国家组织向地方社会的延伸。国家权力企图深入乡村社会的努力，最早始于清末新政。但国家政权真正深入乡村社会，却是国民党执政后的20世纪三四十年代。执政以后的国民党，内部面临着共产党和地方实力派的挑战，为了建立一个强而有力的中央政权，国民党一直致力强化其政治的合法能力、军事控制能力、经济吸取能力和社会动员能力。但是国民党自身是个城市型的政党，其在中国农村没有多少根基和代表性。特别是在1927年与共产党决裂并镇压了工农运动以后，更是如此。

第一节　乡间私塾的文化霸主地位

在近代教育制度建立以前，乡间塾师便常常自觉或不自觉地充当起乡民文化代言人，对付一切日常或非常的事态，并间接掌握若干政治经济的力量，尤其是私塾作为中国古代基础教育主要承担机构，可谓是乡村社区文化活动中心。1936年燕京大学社会学系教授廖泰初先生在山东汶上县农村田野考察发现乡间塾师以灵活的办学方式，较低的学费，严格且适合乡间生活的教学和管理方式得到乡民的信赖，成为乡民子弟读书识字的传播者，孩子们能够以最低的学费学到最实用的知识。乡间私塾先生更是谙熟民间礼仪，如给小孩子起个高雅显达的名字，给在外头混事的丈夫年终写封信，说句平安、报个喜，立张契约，检读由单(内写完粮的数目),填张借单,订份合同,起篇卜文,看个好日子,合合婚,择个时辰,写张表文,还个愿……这些最平常的事都得请塾师来帮忙;过年时节门前贴副"抬头见喜""出入平安""忠厚传家久,诗书继世长"的对联,孩子半夜三更哭哭叫叫,要写张"天皇皇,地皇皇,我家有个夜啼郎,行路君子念三遍,一觉睡到大天亮"的帖子,都是塾师的分内活。此外,比较少见的如庙文、祭文等也得请塾师。凡此种种,老百姓都认为是塾师的工作,因为在乡间,除了塾师外别无合适的人选了,这也使得塾师顺理成章地成为乡村社会的重要角色。另外,乡间塾师还扮演着其他重要角色,诸如"包揽"诉讼、对付县府和上官、商议和决策村中大事,甚至可以说在地方上,有以塾师、塾址为中心而形成一个近乎参议院雏形的说法,并不是言过其实,一个私塾或许不是直接干预地方行政,间接活动的力量确是值得惊异的。塾师在中国特有的社会文化结构中占据重要的地位,他与地方权力的代表——绅士有着千丝万缕的联系,实际上乡间应用文字的地方很少,一切对外的交涉、田地的冲突、田赋经济的组织、集市、对付官府等运用文字的场合,经常见到塾师活动的身影。一些通达乡土人情的塾师适合百姓的日常需要,在村民中赢得信任和尊重。

第二节　乡村国民学校与私塾的冲突

私塾教育是以乡村社区生活为本位的教育,与传统地方社区组织包括家族、村落等搭配缜密,是一种乡村文化本位的产物。在老百姓眼里,"洋学"是政府举办的,百姓用不着管;私塾是老百姓自己的,政府也不应该管。私塾与学校之争不仅反映中西文化的冲突,而且反映了政府与民众的对抗。

一、"洋学"在乡村教育文化竞争中落败

李景汉在河北定县(今定州市)调查,也发现废私塾与"兴新学"存在激烈的矛盾,"当时人民顽固不化,私塾既不能废除,学堂也难成立"[1]。李建东考察兴

---

[1] 李景汉:《定县社会概况调查》,北京:中国人民大学出版社,1986年,第173-174页。

和县教育历史时发现,20世纪初年政府举办的新学,老百姓称之洋学,不愿送子弟入学校读书,而是继续送子弟到私塾读书,教育局人员劝说父母让孩子们上"洋学堂",但是入新学的儿童仍然寥寥无几,家长宁肯花钱让孩子上私塾,也不愿意让孩子们上这不交学费的"洋学堂",政府一方面命令取缔私塾,一方面经济上采取奖励措施,吸引学生到"新学"上学。[1]"民国二十四年(1935),(汶上)城内私立育德小学最好的几个学生,给本街的一处私塾拖走了,经与街长交涉无效,校长始终摇头继则嗟叹;民国二十四年春天,四区赵庄乡长自办一私塾,附近高里小学学生减去四分之一;三区孙家庄小学,有来自邻村冯庄的学生,其中三个为该村塾师拦阻,不使其到孙庄上课;九区马村小学与一私塾同在该村阎氏祠堂授课,西屋为小学,东北屋为私塾;一方高诵'猫儿叫、狗儿说',一方高诵'孔子曰,孟子说'。短刀相接,互争雄长。"[2]从山东汶上县私塾与"洋学"冲突中可以看出,"洋学"成为一种高高在上的机构,它在乡村设立,却不为乡村所有。它代表一种官方的话语,而百姓对政府倡导的新政充满怀疑。汶上县"洋学"在与私塾的竞争中落败,廖泰初先生从中归纳以下几点:其一,大部分民众对政府失去信心,不支持学校教育。凡是官府开的东西,不是要钱就是要命,洋学是政府办的,衙门里还会给你什么便宜。其二,小学教员和塾师是无可比较的。小学教员大部分毕业于县高等小学校和师范讲习所,年纪轻,经验少,在乡间没有地位没有声望,连写个账都不会,一切应用的知识多半拿不出来;塾师却和地方上有着密切的关系,私塾东家又是他们一家的,因而处于绝对优势的地位。其三,私塾的教材管理法完全迎合了老百姓的胃口,接近儿童日常生活经验,先不说升官发财,写得一笔好字,作篇文章,足够父兄痛快的了。洋学的课程和地方是格格不相入的,什么唱歌游戏旅行,老百姓看来是胡闹,而且私塾用的是个别教学法,适合乡间学生经常缺席的情形,集体教学法缺上一两个星期课,就是先生许他补,学生也不愿意念了。其四,关于升学方面,又是私塾占了优胜的地位,别说本庄本村,就是整个汶上县还没有一所中学(汶上在1943年才成立中学);小学毕业了,一问三不知,写个字都扶不正,种田下地都懒起来了;要升学就得到外县,这是一般家庭经济承受不起的;私塾升学相对容易,从蒙学到私塾大学,不是在本

---

[1] 李建东:《政府、地方社区与乡村教师:靖远县及23县比较研究》,北京大学博士论文,1996年,第18页。

[2] 廖泰初:《动变中的中国农村教育研究——山东汶上县教育研究》,个人刊印,1936年,第35页。

村就是在附近村庄。有一小部分学生早已在新式学堂毕业,都跑到私塾来升学,这样洋学成了私塾的预备学校,求高深的知识还是来私塾最经济最方便。其五,历来外出读书的子弟,毕业后不愿意回家,认为乡间是一条死路,无法发展的。如果城市失业回家,又只成为游手好闲的无业者,既不种地又不工作,成为社会家庭的负担。①

20世纪30年代乔启明在江宁县淳化镇(今江宁区淳化街道)乡村社会考察,探知新式小学不发达之原因,发现"洋学"所定之课程与科目,不能与乡村农民生活发生密切关系,因所学与所用,往往绝不相类,而农民所感觉的或适得其反②;20世纪40年代费孝通在云南禄村也观察到新式小学与乡村社区的种种不适应,禄村有一所初级小学,教学活动与农事安排相冲突,减少了贫苦子弟的入学机会,高级小学、初级中学设置在县城,不仅要往返跋涉,而且要寄宿城里,生活费、书籍等杂费开销颇多,禄村只有两个孩子在县城高级小学③;相比之下,汶上县城没有一所中学,孩子升学要到外县,这是普通家庭所无法负担的。从底层民众需求视角分析"洋学"在乡村社会中的意义,"洋学"并没有给民众带来生活需求的变化,作为一种新文化现象,"洋学"尚未成为乡村社区文化活动中心,私塾以其顽强的乡土适应性仍然具有旺盛的生命力。

二、乡村教师的文化冲突

近代以来,政府在乡村推行国民教育,取缔和打击私塾,乡村塾师被迫面临改良、检定乃至淘汰的困局,于是作为散落在乡野间的文化群体——塾师逐渐从乡土社会的滋养之中脱离开来,被纳入政府统一的规划和监控之中,显示出乡村社会中的国家力量在场。新式国民学校是政府主导的大规模现代化新政的一项重要内容,它在课程设计、教学内容上充分体现了国家意志和现代化需求,但却忽视了乡村日常生活的合理性,带有工业化痕迹的班级授课制和严格作息的课程表,经常与乡村社会经济活动发生冲突,这样乡村新式教育与农民的日常生活

---

① 廖泰初:《动变中的中国农村教育研究——山东汶上县教育研究》,个人刊印,1936年,第35—37页。
② 乔启明:《江宁县淳化镇乡村社会之研究》,载《南京金陵大学农林丛刊》第23号,1934年11月。
③ 费孝通:《禄村农田》,北京:商务印书馆,1944年,第31页。

逐渐疏远和断裂。过去乡村中,秀才先生或书塾教师有极大的潜势力。他是一乡中的审判者,一乡中的号令者,一乡中的指挥者;他是乡民所"佩服"的人;假如这位秀才先生或乡塾教师,果真是道德高尚之人,则他的话即可成为号令。与塾师相比,乡村新式学校和小学教师多不被乡民信仰,文化活动能力极为有限。乡村新式教师扮演的角色是矛盾的,一方面,他必须应付乡村社区生活,否则得不到村民的同情和尊重;另一方面,国家提倡国民学校采纳新的教学方法,反对死记硬背、"注入式"的教学方式,考核和检定教员也要求老师加强教育教学素养,在教学中注重儿童的心理特点,但是村民对新式小学的教学方式产生怀疑。

教师在适应国家教育要求和满足乡民社区需要之间产生困惑,20世纪30年代廖泰初在汶上县乡村就发现,教员们必须应付合同、表文、契约、请帖甚至是给孩子治病的"幻童子""止哭歌",乡民也认为这是学校教师的本职工作;教员们为了应酬校董,取得乡民的信赖,和塾师争地位、争面子,教员们不得不干这一套,不然就得挨骂。一些毕业于县高小、师范讲习所的年轻教员尚无社会礼俗知识的预备,难免受到苛责,常常抱怨当个小学教员,不如在衙门里当个职差。学校、教师与乡村社区的隔膜和冲突,反映作为舶来品的现代学校在乡村生活中陷入文化"失调"的困境。应该看到,民国以来,政府主导的新教育改革是建立一个强大的现代化民族—国家的理想企求,新教育将西方的现代性与地方传统完全对立起来,强制性地取缔和改造传统教育资源,却忽略了民间生活和传统延续的合理性,传统和现代之间是一个连续的过程,试图推倒一切,重新再来,只会造成文化的断裂及新旧之间剧烈的摩擦。

三、乡村教育改革与底层民众需求的严重疏离

乡村国民学校的成立是国家权力渗入乡村社区的重要标志。现代教育体制取代了传统的社区训练,使注重标准化知识的新型"雅文化"侵入乡村社区,排挤传统社区文化。乡村新式教育与地方社区的关系发生了变化。在传统乡土社会,人的社会再生产是社区性的面对面式的人际关系训练,到了民族—国家时代,全民教育和普遍性知识成长起来,并取代了社区性的社会再生产方式。

(一) 乡村文化权力结构的蜕变

金观涛、刘青峰两位先生在论述中国封建社会组成的机制特征时认为,儒家意识形态分别是社会上、中、下三个层次权威合法性来源,从而把三个层次联成一体,使三者互相协调。一体化组织的种种制度是以农村为重心的。广大中下层儒生在乡间过着耕读生活,科举制以读书人的籍贯乡里为配额选拔单位,乡村不仅是士大夫阶层生活和精神关注的中心,也是培养这种担负社会组织功能阶层的温床。在实际生活中,皇权却不能直接深入乡村社区,权力的拥有者和行使者常常分离,使封建权力的运行发生阻滞。由此,作为地方特权阶层的绅士集团获得了对地方的实际控制权力。[1] 一个属于朝廷命官的知县,要顺利地完成管理范围内的教化、征税、治安、断案、农事、水利工程等各项事务,唯一的依靠力量就是绅士。绅士作为官与民的中介,承担着封建政权与乡村社会的"缓冲器"作用,张仲礼的研究也表明,绅士们具有人们所公认的政治、经济和社会特权以及各种特殊生活方式,同时承担了若干社会职责,他们视自己家乡的福利增进和利益保护为己任。在政府官员面前,他们代表了本地利益。在清王朝治下的地方权力的很大一部分为绅士所控制。绅权在一定程度上制约皇权的行使。随着传统绅士退出乡村基层社区,乡村政权机构逐渐蜕化。尤其是科举废止导致绅士继替常规发生断裂,传统绅士逐步从村落的权力中心淡出,新的力量开始填补空缺,劣绅的涌现表明乡村士绅成分开始变质。刘大鹏在1926年8月14日的日记中写道:"民国之绅士多系钻营奔竞之绅士,非是劣衿、土棍,即为败商、村蠹,而够绅士之资格者各县皆寥寥无几,即现在之绅士,多为县长之走狗。"[2]

国民政府在地方社会推行新政,通过乡村保甲制度推选出来"行政人员",正直的绅士多不愿意充任,游手好闲或流氓之徒心甘情愿地接受新制度的指使,居心不良的劣绅觊觎村长、区长的权力,在国家政权向地方社会延伸的过程中,乡村政权出现了痞化。黄宗智也认为,"清末民初,地方政府的机构和权力,伴随着新设立的基层政权机关、武装单位以及现代警察和学校而扩张。这种扩张导致国家与自然村的关系发生根本性的变动"[3]。地方政权机器的扩张,加大了县政府的开销,又意味着进一步扩大税收,建立新的财政机器。于是,在国家与社会

---

[1] 王先明:《近代绅士——一个封建阶层的历史命运》,天津:天津人民出版社,1997年,第60页。
[2] 刘大鹏:《退想斋日记》,太原:山西人民出版社,1990年,第336页。
[3] 黄宗智:《华北的小农经济与社会变迁》,北京:中华书局,2000年,第284页。

最低一级层次交接点——村级政权中,一些"土豪"、劣绅霸占村长职权,乘机滥摊滥派,巧取豪夺,中饱私囊。随着国家政权不断下沉,由区而乡,由乡而保甲层层深入,土豪劣绅侵夺国家权力的势头非但没有受到抑制,反而呈同步增长之势。民国时期的乡村权势人物在才德和威望方面均产生严重的下滑,他们所赖以支配基层社会的资源基础是强制性的武力和财力,而不是传统绅士所具有的对乡土社会的内在道义性权威、外在法理性权威和个人魅力性权威。士绅阶层的衰落和地方政权的官僚化而带来的乡土社会秩序的解体,土豪劣绅与恶霸滥用权力,蹂躏乡里,农村与国家关系处于紧张状态。

(二)国民政府新教育给乡村社会带来的消极影响

二十世纪二三十年代,民国教育家陶行知、庄泽宣、雷沛鸿等一代学人开始思考、反省新教育带来的诸多社会问题。古楳在《现代中国及其教育》一书中认为中国新教育的失败,不是个人的私言,乃是全国上下公认的事实。原本希望施行新教育后,可以造就新国家,结果新教育不但无功,简直完全失败了。通晓西洋教育的晏阳初针见血地指出:"所谓'新教育',并不是新的产物,实在是从东西洋抄袭而来的东西。"①陶行知对政府主导新教育在乡村中强制推行带来的负面后果,进行更为激烈的批判:中国乡村教育走错了路!他教人离开乡下向城里跑,他教人吃饭不种稻,穿衣不种棉,做房子不造林;他教人羡慕奢华,看不起务农;他教农夫子弟变成书呆子;他教富的变穷,穷的变得格外穷;他教强的变弱,弱的变得格外弱。②

费孝通在江村调查也认为,"现代教育,从乡土社会论,是悬空了的,不切实的。乡间把子弟送了出来受教育,结果连人都收不回"③。新教育的兴起加大了城乡之间的文化差异,乡村中比较有能力、有才华的人都跑到城市去了,"农村中比较有志力的分子不断向城市跑,外县的向省会跑,外省的向首都与通商大埠跑"④。1933年国民党政府行政院农村复兴委员会在苏南农村调查,好不容易碰到一位中学生,以至于在调查日记中感慨"我们跑过的乡村并不少,碰到中学生

---

① 古楳:《现代中国及其教育》(下册),北京:中华书局,1932年,第430页。
② 江苏省陶行知研究会,南京晓庄师范学校编:《陶行知文集》,南京:江苏教育出版社,2001年,第225页。
③ 费孝通:《乡土格格不入的学校制度》,载《费孝通文集》第一卷,北京:群言出版社,1990年,第383页。
④ 潘光旦:《话说乡土教育》,载《潘光旦文集》,北京:光明日报出版社,1999年,第12页。

却是第一次"。人文荟萃的江南农村,教育凋敝尚且如此,更何况其他地区乡村。刘百川分析"文字下乡"运动在乡村受到阻碍的缘由,一是乡村农民无识字读书的需要;二是乡村农民受生计的压迫,无暇读书识字;三是文字的本身太难,不容易识,识得少,还没用处。事实上,导致中国现代化变革以来诸多举措俱归失败的一个重要原因,是社会上层精英与下层民众的严重疏离。黄仁宇回忆观察到的乡村文化情形,可以看出乡村社会改革与底层的疏离:"在内地从一个县的东端行军到一个县的西端,可以看不见一条公路、一辆脚踏车、一具民用电话、一个篮球场、一张报纸,或是一个医疗所。而触眼的尽是'王氏宗祠'、'李氏家祠',以及'松柏惟贞'的节妇牌坊,此外还有传统好官墓前歌功颂德的'神道碑',再不然则是'学人及第'和'文魁'荣誉牌匾。后来学历史,才领会到传统政治的结构,不凭经济与法治的力量,而大部分靠'尊卑、男女、长幼'的组织体系。眼睛看不到的,则是编排保甲的潜在势力以及乡绅农民自己彼此间放债收租,及于远近亲邻等等微细末节。所以这些人文因素不是太抽象,就是太琐碎,都无法改造为新社会的基础,也无法取缔禁革。而且自1905年停止科举考试以来,上层与下层完全脱节。"①

在中国近代化的过程中,各种基层组织特别是乡村基层组织是封建主义残余最为严重、文化最为落后的地方。国民学校在乡村教育空间的设置,在一定程度上代表了国民政府改造乡村文化的努力,但是文化的冲突造成乡村教育价值的失衡,中国的现代化属于后发展型,在推动现代化进程的诸因素中,文化因素是渐变性的,政治因素是快变性的,制度的可变性远远超过文化的可变性。基础教育改革在不同的地区呈现区域特色。沿海与内地、中原与边陲,除了地域造成的物质基础差异外,更重要的是中国现代化存在"沿海"和"内地"二元结构,沿海日益成为内地变革的促进因素,成为教育发达的先进地区。但是影响一个国家的现代化的因素是多元的。在一个后发外生性现代化的国家,国家的力量是促成现代化变革的主导力量。传统社会向现代社会转变,反映在政府行政机构方面,就是职责明确、分工精细的官僚组织在承担组织社会生活方面发挥越来越重大的作用,由官僚化的组织征集、配置社会的政治、经济资源,逐渐取代皇帝、家族依据个人兴趣、爱好对社会生活所进行的干预,是促成后发展国家的现代化过渡的重要条件。

---

① 黄仁宇:《地北天南叙古今》,北京:生活·读书·新知三联书店,2007年,第83页。

第三章 陶行知乡村教育改造历程及其时代境遇

民国时期乡村教育改革风起云涌，乡村教育思潮流派异彩纷呈。陶行知教育思想体系，始终和乡村教育改革紧密联系在一起。陶行知是民国时期乡村教育体系和乡村教育运动的奠基者之一。

1914年，陶行知进入伊利诺伊大学，专修政治学、都市行政等课程。1915年秋，他转入哥伦比亚大学师范学院学习教育学，修读过杜威主讲的课程。陶行知学成归国的时候，正值国内发起了以民主和科学为旗帜的新文化运动。陶行知满怀热情地在这场运动中奔走呼号，积极提倡新教育，改革旧教育。为此他一方面介绍西方的教育理论，另一方面也反对盲目"仪型他国"，提出要以科学方法进行教育改革和创新，为实现中国教育的普及化和近代化踏出一条新路。陶行知以主要精力从事平民教育。陶行知一生中最大的业绩是在教育领域中不断批判和创新。陶行知基于创建民主国家的伦理之责去规范与设计乡村教育，把创建现代民主国家的目标作为引领乡村教育改革发展的价值取向，改造乡村、建学校，努力发展乡村教育，这成为20世纪上半叶影响中国社会的重大事件之一。陶行知认为"学而优则仕"不是新世界教育目标，教会受教育者识字、看书、谋生的技能不是新世界的教育目标，因为这些"教育目标"过于褊狭。只有把教育和富国强国目标相联系，才是新世界的教育目标。陶行知肯定教育是实现富国强国目标的重要举措，但他反对把"教育"只是当作实现现代文明国家目标的手段。近代以来，乡村社会衰败，乡村危机的呼声日渐高涨。陶行知从当时中国的历史现实出发，创造性研究中国的教育问题，进行了一系列的实践性探究活动，先后创办了晓庄师范、山海工学团、育才学校和社会大学,积极探索中国近代乡村教育并做出了杰出的贡献,其乡村教育思想具有深刻的理论与现实意义。

第一节 陶行知乡村教育改造的时代背景

20世纪30年代中国面临的形势可谓是外患既亟,内忧更殷,乡村社会崩溃,农村经济破产。近代农村日益凋敝,社会弊端丛生,梁启超于1915年批评新政"二十年来办新教育竟使全民不识字",新教育并没有实现教育强国之梦想,杜亚泉感叹"科举之废,学堂之兴,亦已十年于兹矣,而教育之普及,较之科举时代,乃反见其退步焉"。日益突出的文盲问题,新学与旧学的冲突,学校教育与农村社会生活的矛盾等,使农村教育陷入停滞和困顿境地。1920年,《中华教育界》杂志刊登了北京高等师范学校学生余家菊的《乡村教育的危机》一文,他指出当时乡村教育的危机:一是乡村教育已经破产,二是乡村教育事业大家都不愿意干。他认为,乡村教育破产的一个现象就是大量的小学生进城读书,不再返回乡村。另外,受过新式教育的师范学校毕业生都不愿意到乡村教书,结果,在乡村教育中,旧式私塾仍然占统治地位,旧式文人仍主导乡村教育。中国是一个广土众民的国家,天时地理以至人事,都很复杂,为学者与当前自然环境、社会环境来接触,而求取实际知识,所用材料,应多有几分地方化。而中国教育界存在严重的"洋化"和"奴化"弊端,根本不足以担当改造社会的重任。何思源认为中国四十年之教育制度,大都由欧美各国辗转抄袭而来,欧美以工商立国,中国以农立国,立国之基础既殊;欧美为资本主义集中已成立之社会,中国为产业落后自由演化之社会,社会构造亦异。教育制度,固为将来创造新国家之工具,而对于社会构造、民族精神相差甚远之国家,教育功能当另有别论。专唱"学校改造社会"之高调,势必致学校造出之人才,不为社会所需要。应该看到,直至民初,中国并无真正的农村教育,卢绍稷在《中国现代教育》中称,虽然清末学制规定城乡都能设立国民小学,但实际设立小学的乡村很少,且"此种学校大都设备简陋,教员资格不合,毕业生程度低劣,固不能谓真正乡村教育也"。傅葆琛则称"废除科举改设学校之时,无人知乡村教育应当特别研究。乡村教育最初的呼声,始于民国五四运动"①。乡村教育问题是近代工业化革命的产物。农业时代,无所谓农村教育,在初期的商业时代,亦无所谓农村教育。农村教育运动之产生是在产业革命以后。产业革命兴起了较大的都市,于是社会形态上有了都市与农村的区别,农村教育运动亦就在这个关系下发轫……都市兴起了以后,于是经济、文化、人才,一切集中于都市。农村教育问题也就随之产生了。然而,新教育的强力推行,并没有实现建设现代化强国的梦想。

20世纪以来,新教育随着国家政权下沉,向乡村逐步延伸,借鉴欧美的现代教育制度,并没有考虑中国城乡分别的社会现实。这种城乡同构的教育设置是以将乡村纳入城市化、国家化、工业化为预期目标,排斥地方性知识和文化资源在教育架构中的合法位置,乡村依附于城市,成为人才和资源的输出机构,陶行知称这种乡村教育"便成为空洞的教育,分利的教育,消耗的教育"。陶行知指出,当时中国农民占到全国人口的85%,但是,乡村学校只占10%,这种城乡发展不均衡的现象对乡村社会发展极为不利。1930年代国民政府注重都市化发展的现代化政策虽然在城市中取得了一些重要成果,但他们在重建乡村中却遇到困难,尤其是乡村经济凋敝、社区瓦解等问题难以解决。青年从自身处境出发,感到国民党的现代化和乡村政策并未改善其自身和家人的状况,反而使其日益困顿,于是他们要求一种不同于国民政府注重都市现代化政策的变革。20世纪二三十年代,民国教育家陶行知、庄泽宣、雷沛鸿等一代学人开始思考、反省新教育带来的诸多社会问题。中国新教育的失败,绝不是个人私言所致,而是全国都公认之事实,原本希望施行新教育后,可以造就新国家,结果新教育不但无功,简直完全失败了。② 通晓西洋教育的晏阳初一针见血地指出:"所谓'新教育',并不是新的产物,实在是从东西洋抄袭而来的东西。"③20世纪以来,国家力量不断向乡村渗透,乡村中的新式学校是国家意志的体现,它替代了传统血缘关系的宗族设学,代表了国家组织向地方社会的延伸。国家权力企图深入乡村社会的努力,最早始于清末新政。事实上,导致中国现代化变革以来诸多举措俱归失败的一个重要原因,是

---

① 郭人全:《黎明乡村书,〈农村教育〉》(第三版),上海:黎明书局,1934年,第2页。
② 马秋帆,熊明安:《晏阳初教育论著选》,北京:人民教育出版社,1993年,第160页。
③ 古楳:《现代中国及其教育》(下册),北京:中华书局,1932年,第430页。

社会上层精英与下层民众的严重疏离。

20世纪初年,伴随国家权力下沉,政府的力量不断伸向乡村,乡村社会政治与权力结构发生改变和重组,梁漱溟幻想通过乡农学校这种以血缘关系为基础的社会组织克服以个人关系为基础机械的社会组织,实现"教育本位的学治政体"。梁漱溟认为,乡村社会的各种问题——政治、经济、道德的——都不过是根本上的文化危机的具体表现,梁漱溟希望所有的农民学校在村、乡、县、省的水平上有组织地形成一个全国规模的社会教育文化系统,它独立于任何官方机构。一旦乡村建设建起自己的力量,社会最终将取代政府。目前现存的通常由政府经管的系统(如学校系统)应该被废除,而从农民真正需要和愿望出发进行重建(艾恺,1996)。梁漱溟1931年6月在山东邹平设立乡村建设研究院,分批培训乡村建设骨干人员,山东乡村建设研究院第二、三期学员主要从济宁所属各县和鲁南、鲁东各县招收,毕业后的学员是"乡建运动"的主要实施者。1936年1月设立以济宁为中心的第一专员区,1936年原燕京大学教授、邹平实验研究院院长梁仲华在济宁当区专员,指导济宁、汶上等鲁西十四县乡村建设运动,从此济宁一带成为乡村建设活动基地之一。1936年,梁漱溟为了加强鲁西实验区的活动,又以"乡村建设研究院"的名义,将山东八个师范学校的应届毕业生,分别在邹平和济宁两地集中训练。梁漱溟反对政府主导的"西方式"的现代化对村落社会的"侵蚀",他甚至反对国家权力对乡村的干预和控制,期望通过传统文化的复兴来实现乡村重建。梁认为政府是乡村建设的天然障碍,他幻想着一种民族化运动以反对国家化,试图通过把国家变成社会,实现古代儒家"政府家庭化"的理想。但是,梁漱溟是矛盾的,他最终选择了与政府的结合,乡村建设运动转变成为一种国家权力行为,结果,"站在政府一边改造农民",而不是站在农民一边改造政府,因此与农民"处于对立的地位"。许多农民的根本问题无法解决,因而"抓不住他的心",梁漱溟最终也不得不承认,号称"乡村运动而乡村不动"。"梁漱溟的运动——连同他建立中国新文明的梦想都在乡农学校的烟雾中消散了,而点火人正是曾被希望成为新社会创造者的那些农民"(艾恺,1996)。雷沛鸿国民基础教育改革的理念,是以教育改造促进社会改造。雷沛鸿强调,"国民基础教育的任务,实以扫除文字盲,扫除政治盲,以及扫除经济盲为职志。所以,各村街乡镇的民团后备队本部,以及街乡镇公所,都要设在国民基础学校之内,而校长并须兼任队长和村长。此外,各基层组织中之民众并须从事于合作运动"[①]

第二节 陶行知的乡村教育改造历程

20世纪30年代中国教育界存在严重的"洋化"和"奴化"弊端,根本不足以担当改造社会的重任。从近代史的考察可以看出,五四运动后的一段时期,学术界对乡村的兴趣日益变浓,掀起了乡村调查和研究的高潮,学术界对中国乡村社会研究和改造的热情逐渐高涨。

20世纪20—30年代的中国社会学术气候是陶行知投身乡村教育的国内背景之一。梁漱溟在山东邹平的试验、晏阳初在河北定县的平民教育实验、黄炎培的职业教育试验、燕京大学社会学系在北京清河镇的社会实验区、齐鲁大学在山东历城龙山镇的农村服务社等,此外国民政府的内政部卫生署、行政院农村复兴委员会也参与了乡村建设和改造。其中大致可以发现有三种倾向:

一是西方知识背景和倾向。晏阳初主张引进西方的科学精神,主张通过三种方式,即家庭、学校和社会进行四大教育,即文艺教育、生计教育、卫生教育、公民教育。从根本上解决中国乡村的四大问题,即愚、穷、弱、私。

二是主要借助传统资源和文化内核的本土派。梁漱溟的乡村改造计划是其人生哲学和社会学说的直接延伸。他的重点是社会改造,乡村教育只是一个途径和工具,但他将学校作为改造计划中的关键和核心环节,是一种政教合一的组织机构。

三是陶行知具有反传统、反儒家教育传统的特点。陶行知主要借助科学和教育的力量来改造乡村社会。在对待传统文化方面,他批判了中国的传统文化,认为从前的旧文化是上了脚镣手铐的,而且礼教是吃人的,"骨可以堆成一个泰山,血可以合成一个鄱阳湖"。对于西方的外来文化和教育观点,陶行知也不迷信、不崇洋,主张它们只是一种工具,要为现实教育所用,取其之长为我所用。

[①] 韦善美:《广西国民基础教育运动的时代使命》,载《雷沛鸿文集》下册,南宁:广西教育出版社,1990年,第9页。

陶行知平民教育运动的实践，使陶行知对乡村教育的认识产生了质的飞跃。1926年，陶行知在《中华教育改进社改造全国乡村教育宣传书》中指出："本社的乡村教育政策是要乡村学校做改造乡村生活的中心，乡村教师做改造乡村生活的灵魂。"陶行知的一生和乡村教育紧密联系在一起，是20世纪20—30年代乡村建设运动中非常重要的代表。在探讨新农村建设和农村教育问题时，重读和反思陶行知的乡村教育思想，对我们思考当前的问题很有现实意义。20世纪20年代中期，新教育陷入了低潮，乡村建设思潮涌动。陶行知开始把目光转向了广大农村，认真思考乡村教育问题。他决心致力于乡村教育，通过乡村教育来解决当时乡村的社会问题。陶行知的乡村教育思想在其以后的乡村教育实践中得到充实和完善。

一、陶行知乡村教育思想萌芽阶段

从1917年到1926年，是陶行知乡村教育思想觉醒的时期，其主要体现是通过平民教育运动的实践，逐步认识到中国乡村教育的重要性。陶行知归国，"五四"新文化运动以后，中国教育界有识之士开始认识到开展乡村教育的重要性。《中国乡村教育之根本改造》中明确指出，"乡村学校是今日中国改造乡村生活之唯一可能的中心"，陶行知呼吁我们的新使命，是征集一百万个同志，创设一百万所学校，改造一百万个乡村。陶行知满心希望中国一个个的乡村都有充分的新生命，合起来造成"中华民国"的伟大的新生命。

陶行知从组建并领导中华教育改进社与中华平民教育促进会着手，他强调"中国以农立国，住在乡村的人占全国人口85％。平民教育是到民间去的运动，就是到乡下去的运动。"要想普及教育，就必须使平民教育下乡。中国以农立国，85％的人口生活在乡村。然而，中国教育走错了路。20世纪二三十年代，随着大批知识分子下乡开展乡村建设，乡村教育呈现蓬勃发展之势。陶行知已经清醒认识到普及教育，就必须使平民教育下乡。

1917年到1926年，是陶行知乡村教育思想觉醒时期，其主要体现是通过平民教育运动的实践，逐步认识到中国乡村教育的重要性，其鲜明的特色是凸现乡村学校是当时中国乡村改造的中心。

陶行知的《普及教育》论文集

学校对于学生所要培植的也是生活力。他的目的是要造就有生活力的学生,使得每个人的生活力更加润泽丰富强健,更能抵御病痛,胜过困难,解决问题,担当责任。学校必须给学生一种生活力,使他们可以单独或共同去征服自然,改造社会。

陶行知在《中国师范教育建设论》中,谈到"教什么?怎样教?教谁?谁教?这是师范学校的几个基本问题。教的法子要根据学的法子,学的法子要根据做的法子。教法、学法、做法是应当合一的。事怎样做就怎样学;怎样学就怎样教;怎样教就怎样训练教师。这个建设历程,从头到尾,都是息息相通的,倘使发现不衔接、不联络、不适应的地方,到处可以互相参考纠正,随改随进。所以中心学校随着自然社会生活继续不断的改进,师范学校随着中心学校继续不断的改进,地方学校随着师范学校继续不断的改进,自然、社会生活又随着地方学校继续不断的改进"[1]。自然社会里的生活产生活的中心学校,活的中心学校产生活的师范学校,活的师范学校产生活的教师,活的教师产生有生活力的国民。

二、陶行知乡村教育思想觉醒阶段

从20世纪20年代中期开始,陶行知将乡村教育改造视为中国的根本问题,其思想体系中鲜明的特色是凸现乡村学校是当时中国乡村改造的中心。陶行知主张从中国乡村实际生活下功夫,使教育符合乡村及农民生活实际。陶行知强调,在实际工作和乡村生活基础上谋求改进和解决。陶行知于1926年1月撰写

---

[1] 华中师范学院教育科学研究所:《陶行知全集》(第1卷),长沙:湖南教育出版社,1983年,第653页。

了《中国乡村教育之根本改造》,是其早期探讨乡村教育的一篇重要文献之一。陶行知呼吁,关于我们中国的根本问题,便是乡村教育之根本改造。在这种办学方向与定位下,乡村教育难以适应乡村生活实际,未能考虑到农民真正所需要的教育,这样教育,使农村社会减少生产量,使农人富的变穷,穷的变得格外穷。这使人最不满意。① 陶行知批判了仿造西方学校系统建立起来的新式教育,认为当时的正规学校不适合农村实际,"中国的乡村教育走错了路!他叫人离开乡间往城里跑。他教人吃饭不种稻,穿衣不种棉,做房子不造林。他教人羡慕奢华,看不起务农。他教人分利不生利。他教农夫子弟变成书呆子。他教富的变穷,穷的变得格外穷;他教强的变弱,弱的变得格外弱。前面是万丈悬崖,同志们务须把马勒住,另找生路!"② 陶行知乡村教育改革理想图景集中体现在《晓庄试验乡村师范学校创校概况》中谈及的乡村教育改革理想,即"我们中国现在正是国民革命的势力高涨之秋。惟既有国民政治上的革命,同时还须有教育上的革命。政治与教育原是不能分离的,二者能同时并进,同时革新,国民革命才有基础和成功的希望"。"本校的办法,是主张在劳力上劳心。本校全部生活,是'教''学''做'。教的法子根据学的法子,学的法子根据做的法子。我们的实际生活,就是我们全部的课程;我们的课程,就是我们的实际生活。我们每天早晨五时有一个十分钟至十五分钟的寅会,筹划每天应进行的工作,是取一日之计在于寅的意义。寅会毕,即武术。本校无体操课,即以武术代。上午大部分时间阅书。所阅之书,一为学校规定者,一为随各个人自己性之所好者。下午工作有农事及简单仪器制造、到民间去等。晚上有平民夜校及做笔记、日记等。这是本校全部大概的生活。现在有一点我们应当注意的,就是以前的教育,都是像拉东洋车一样。自各国回来的留学生,都把他们在外国学来的教育制度拉到中国来,不问适合国情与否,只以为这是文明国里的时髦物品,都装在东洋车里拉过来,再硬灌在天真烂漫的儿童的心坎里,这样儿童们都给他弄得不死不活了,中国亦就给他做得奄奄一息了!我从前也是把外国教育制度拉到中国来的东洋车夫之一,不过我现在觉到这是害国害民的事,是万万做不得的。我们现在要在中国实际生活上面找问题,在此问题上,一面实行工作,一面极力谋改进和解决。本校全体指导员及

---

① 华中师范学院教育科学研究所:《陶行知全集》(第 1 卷),长沙:湖南教育出版社,1983 年,第 653 页。

② 同上,第 653 页。

同学,都是抱有这样一个目标,所以毅然决然的跑到这个荒僻的乡下来。我们认定必须这样,将来中国的新教育才能产生呢!以上是报告本校大概情况。敝校创办伊始,有许多不对的地方。现在请各位来宾先生们详细的批评和指导。"①

在1928年的《改革乡村教育案》等著述中,针对传统乡村教育的弊端,陶行知强调乡村教育是一种"活教育"。陶行知批判了仿造西方学校系统建立起来的新式教育,认为当时的正规学校不适合农村实际。陶行知开出的其中一个药方是活教育,"生路是甚么?就是建设适合乡村实际生活的活教育!我们要从乡村实际生活产生活的中心学校;从活的中心学校产生活的乡村师范;从活的乡村师范产生活的教师;从活的教师产生活的学生,活的国民。活的乡村教育要有活的乡村教师,活的乡村教师要有农夫的身手,科学的头脑,改造社会的精神。活的乡村教育要有活的方法,活的方法就是教学做合一:教的法子根据学的法子;学的法子根据做的法子。事情怎样做,就怎样学,怎样学,就怎样教。"②

三、陶行知乡村教育思想拓展阶段

陶行知的教育理论是以乡村教育为重心的。陶行知自己致力于乡村教育、普及教育、大众教育。但是纵观陶行知教育改革理论体系,其主要致力解决的教育、社会问题都和乡村社会密切联系在一起。

陶行知乡村教育思想深化拓展主要体现如下:

1929年的《地方教育与乡村改造》,"办学和社会改造是一件事情,不是两件事情。改造社会而不能从办学入手,便不能改造人的内心;不能改造人的内心,便不是彻骨的改造社会。反过来说,办学不包含社会改造的使命,便是没有目的,没有生气。所以教育就是社会改造,教师就是社会改造的领导者。"③陶行知强调,"教师得人,则学校活;学校活,则社会活。倘使有活的教师,各办一所活的小学,作为改造各个乡村"④。"我们一提及教育便含了改造的意义。教育好比是火,火到的地方,必使这地方感受他的热,热到极点,便要起火。'一星之火,可

---

① 华中师范学院教育科学研究所:《陶行知全集》(第1卷),长沙:湖南教育出版社,1983年,第653页。
② 同上。
③ 同上,第128页。
④ 同上,第130页。

以燎原',教育有这样的力量,教育又好比是冰,冰到的地方,必使这地方感受他的冷,冷到极点,便要结冰。教育有力量可以使人'冷到心头冰到魂'。或是变热,或是变冷,都是变化,变化到极点,不是起火便是结冰。所以教育是教人化人、化人者也为人所化。教育总是互相感化的。互相感化,便是互相改造。"①

从中可以看出,陶行知乡村教育的组织模式,从陶行知的教育活动和文字中得出以下四种:晓庄试验乡村师范学校的模式;乡村工学团模式;小先生制;古庙敲钟录中的理想化模式。陶行知乡村教育组织模式,可能存在着重叠和交叉现象,但它们是陶行知乡村教育思想的主要运作模式。这些乡村教育组织模式的共同点在于都是反传统学校、反正规教育、具有"非学校化"的特征,是一种"社会式学校"。陶行知描绘理想的学校组织模式,即学堂要以青天为顶,以大地为底,以二十八宿为围墙,以万物为先生,"你打破了我的鸟笼式的小学校而给了我一个森林似的大学校",在打破传统学校之后,面对犹如文化荒漠的乡村社会,陶行知提出了类似英国历史上普及教育的导生制,主张一传十,十传百,使得广大乡民不管年龄和性别都可以接受教育。

在创办学校的第二阶段时,学校深深卷入乡村社会生活的实际,为了自保而组织军事训练,请来拳师和军官训练乡民,学习文字和军事训练一起进行,古庙是成了另一世界。"大人是大兵。小孩是小兵。男的是男兵。女的是女兵。一村都是兵。"这是国难临头之时,陶行知对乡村教育思想的进一步发展。陶行知主张中华民族应该接受六大训练来挽救国难:普遍的军事、生产、科学、识字、民权、生育训练。

陶行知主张创办的是一种社会教育,不是一种正规的学校组织,可以认为是一种反学校的思想。在陶行知看来,古庙不仅是一所学校,它已经成为乡村生活的中心,成为乡村社会生活的领导和组织机构。"古庙此时已不是一所单纯的学校了,老实说,古庙不是一个平常所谓之学校,……无奈我们在这里所办的虽是一个小学堂,但同时也是一小工场,又是一个小社会。学堂的主要意义是长进;工场的主要意义是生产;社会的主要意义是平等互助,自卫卫人。……我们这个集团是含有这三种意义。……你要知道这三种意义是贯彻我们整个集团的生活。……我们这小小的实验是将工场、学堂、社会打成一片。"从古庙学校已经演进到工学团阶段。陶行知赋予了工学团崇高的使命,将它看作是乡村教育、甚至

---

① 华中师范学院教育科学研究所:《陶行知全集》(第2卷),长沙:湖南教育出版社,1983年,第128页。

是中国教育的理想组织。"中华民族之新生命是在工学团的种子里潜伏着""工学团是中华民族之救命圈"。工学团是一个小工场,一个小学校,一个小社会。在这里包含着生产的意义,长进的意义,平等互助自卫卫人的意义。它是将工场、学校、社会打成一片,产生了一个改造乡村的富有生活力的新细胞。乡村工学团可以分为儿童工学团和青年工学团,普遍实行六大训练:军事、生产、科学、识字、民权、生育。中国的乡村是中国的新教育之新大陆,是工学团的最好的育苗场,要在中国建设一百万个乡村普及工学团。

第三节　陶行知乡村教育理论的时代境遇

陶行知赋予乡村学校的神圣使命、乡村教师的理想色彩,乡村教育对社会和经济发展的贡献等,无一不具有强烈的乌托邦色彩。这是时代精神在他身上的投射,是一个时代的投影,是当时知识分子理想精神的体现。

陶行知理想主义色彩反映在他1928年提出的试验社会的教育提案,划出一县大小的区域设立教育实验区,试验期为一百年。该区域拥有无上之主权,类似国中之国,"中华民国"在试验期内不得收回。这也是一种对乡村教育实验的充满幻想的设计,折射出陶行知的教育热情和那个充满幻想的年代的色彩。

对于乡村学校的社会功能,陶行知具有无限的信心,不免带上了理想主义的色彩。陶行知认为,乡村学校是改造乡村社会唯一可能的中心。在探讨乡村学校承担使命责任层面,陶行知与梁漱溟相似,都赋予了学校以沉重的社会使命,以至于超出其实际可能的限度。

学校既是乡村的中心,教师便是学校和乡村的灵魂。他认为教育与其他伟大势力的联手,如银行、科学机关、卫生机关、道路工程机关等,可以在社会上发挥无量的作用。"总之,乡村学校是今日中国改造乡村生活的唯一可能的中心;他对于改造乡村生活的力量大小,要看他对于别的方面势力的联络的范围而定。乡村教育关系三万万六千万人民之幸福,办得好,能叫农民上天堂;办得不好,能叫农民下地狱。"[①]

[①] 华中师范学院教育科学研究所:《陶行知全集》(第1卷),长沙:湖南教育出版社,1983年,第654页。

第四章　陶行知晓庄师范创建与近代乡村师范教育运动

师范与乡村的关系问题是自清末民国初一直延续至今的问题。民国时期涌现师范下乡运动，乡村师范挽救乡村社会危机；同时，民国时期乡村教师本土化培养的经验可以为解决当下乡村教师问题和乡村振兴计划提供重要历史镜鉴。

师范为何下乡？师范下乡对乡村社会产生了什么影响？乡村为何成为师范教育本土化的逻辑起点？师范下乡是乡村义务教育普及所驱动的结果。乡村师范运动是国共两党权力争斗的结果。以上观点都有一定的解释力，但其均为单一起源论，实际上，乡村师范的诞生是事件社会学考量的结构、局势和行动者等三要素综合作用所致，即：其一，清末以来"模袭外邦"的城市导向的师范教育制度；其二，当时社会的政治、经济及文教情势；其三，知识分子、国民政府及共产党等不同社会力量的道路选择与行动。不同的社会力量对师范与乡村关系有不同的考量，也由此形成了不同类型的乡村师范教育，即由于知识分子、国民党政府和共产党三种主要社会力量主导的乡村师范教育的探索与实践，乡村师范教育的三种发生模式：专业—社会模式、民族—国家模式和公平—革命模式。

专业—社会模式。随着城市经济及新式教育体系的发展，乡村士绅的离乡使乡村社会出现了权力真空，外国商品的倾销加速了乡村社会的衰败。以陶行知和梁漱溟等为代表的知识分子忧国忧民，创建为乡村培养师资的乡村师范学校进行乡村社会改造，设计了社会本位的乡村师范教育体系和实践，意在将乡村师范生培养成为改造乡村社会的领袖。称之为"专业—社会模式"的乡村师范教育。1927年以后，国民政府确立了建设现代民族国家的施政目标，师范教育成为国家统一的工具，乡村教师也由村落的"社会人"剥离出来变成"国家人"，国家把乡村师范教育制度化,意图把乡村师生培养成为民族国家的建设者。共产党人吸收了马克思主义的社会公平理论和阶级斗争理论,成为受封建阶级和官僚主义双重压迫的底层民众的代言人,将其称为"公平—革命模式"。乡村师范教育模式与乡村社会互动的历史图景,试图还原乡村师范教育兴起的复杂而多变的历史动因与实践逻辑,以对"师范为何下乡"这一历史问题作出解释,即 20 世纪 30 年代中叶,因为社会相对稳定,中国的乡村师范学校适应当时的社会状况和乡村实际需要,开始了较快的发展。

乡村教育运动兴盛归功于乡村办学的师范教育理念和宗旨的确立。近代以来,师范与乡村关系已成为乡村教育改革的着力点。20 世纪 30 年代国民政府基础教育在区域均衡、结构协调以及教育质量等方面存在诸多弊端,并以"师范下乡"为口号,汇集了一大批乡村师范教育家,推动了乡村师范教育运动的形成。20 世纪 20 年代城市师范教育脱离乡土中国的事实,具有家国情怀的知识分子强烈批评了师范教育脱离乡村教育的弊端。以陶行知为代表的知识分子身体力行,首创晓庄试验乡村师范学校,影响了全国范围内的二百多所乡村师范学校的建立,培养了为乡村服务的大批乡村教师,推动了全国范围内乡村义务教育的普及和乡村社会教育的开展。乡村师范教育的成功实施必须依靠乡村。民国乡村师范教育家认识到,要培养真正愿意服务的乡村教师,仅靠城市师范生下乡是远远不够的,必须注意招收当地农民子弟,同时,乡村师范学校的教师也要注重吸纳本土教师或者有乡村教育情怀的师范毕业生。

陶行知、黄质夫、杨效春和张宗麟等一大批乡村师范教育家,他们内心树立了师范教育救国的宏伟志向,即通过培养大批乡村师范生改造乡村传统教育。[①] 在培养过程中,必须把师范办在乡村,不仅方便乡村师范生了解乡村,而且可以利用乡村小学和乡村民众教育馆等教育机构锻炼乡村师范生独立办理乡村教育的能力和责任感。乡村师范培养的师范生要有改造乡村教育和乡村社会的能力与使命感。南京国民政府的乡村师范教育目标虽然削弱了其改造社会的功能,但是也比较注重培养适应乡村教育的乡村教师;共产党领导的乡村师范教育直接在乡村办学,其乡村适应性和革命性更为凸显。

总之,民国时期不同行动主体十分注重对师范生乡村教育和乡村建设

---

① 潘光旦:《潘光旦选集》(第 2 集),北京:光明日报出版社,1999 年,第 12 页。

的能力和责任感的培养。民国时期的乡村师范教育表现出了与城市师范教育不同的形态与气象。民国乡村师范教育运动风起云涌，乡村被视为师范教育本土化的逻辑起点。20世纪20年代后期，以晓庄师范为代表的乡村师范，试图探索一条与当时西方现代化普适性模式所不同的路径，用以指导乡村社会的现代转型。陶行知及其学生们试图通过晓庄师范，为乡村社区培养领袖人才，领导乡村的现代化改造。师范教育是教育之母机，"师范教育可以兴邦也可以亡国"，振兴乡村教育必得有足够的、良好的师资，唯有如此乡村的教育才能更好发展。

知识分子、国民政府及共产党等不同社会力量的道路选择与行动。不同的社会力量对师范与乡村关系有不同的考量，也由此形成了不同类型的乡村师范教育。在1927年以前，民间教育家们率先实行乡村师范教育，政府方面的法令和实际行动不多。1927年以后，因为乡村师范渐次发展，于是政府方面颁布了种种法令。乡村师范教育成为南京国民政府时期为发展乡村教育而培养教师的重要举措，在国民政府教育部的规范下，乡村师范被纳入正规教育体系，得到相当程度的发展。国民政府制定乡村师范教育法令推动乡村师范的发展。

乡村师范是从中国当时的国情出发，针对中国农村经济文化非常落后的现状，抓住中国农业、农村和农民存在的突出问题，通过兴办乡村师范学校，发展乡村文化教育，培养乡土人才，开发智力，以发展农村生产力，促进农村经济和社会的发展。乡村教师教育问题是世界性难题，陶行知认为乡村师范学校负有训练乡村教师、改造乡村生活的使命。师范学校在乡村里设分校，在乡村的环境里训练乡村师资，已经是朝着正当的方向进行了。陶行知在《师范教育下乡运动》一文中提到，"中国的师范学校多半设在城里，对于农村儿童的需要苦于不能适应。城居的师范生平日娇养惯了，自然是不愿到乡间去的。就是乡下招来的师范生，经过几年的城市化，也不愿回乡服务了。所以师范学校虽多，乡村学校的教员依然缺乏。做教员的大有城里没人请才到乡下去之势。这种教员安能久于其职，又安能胜乡村领袖之重任呢？"陶行知认为，"师范教育的功用是培养教师"，陶行知认为当时师范教育培养不出有水平、有能力的教育人才。"现行师范教育将学理与实习分为二事"，具体是"以大书呆子教小书呆子"，教授出的人才和普通中学不相上下，"大多数受过师范训练的人"，如今看到，"至今办不出一个可以令人佩服的学校"。陶行知强调要充分运用乡村环境来做这种训练的工夫。我们要想每一个乡村师范毕业生将来能负改造一个乡村之责任,就须当他未毕业之前教他运用各种学识去改造乡村之实习。这个实习的场所,就是眼面前的乡村,师范所在地的乡村。

第一节 "师范下乡"与近代乡村师范教育运动的勃兴

"师范下乡"是近代以来文字下乡运动的结果。从新教育运动兴起以来,"文字下乡"渐成态势,费孝通在《乡土中国》中指出,提倡文字下乡的人,必须首先有文字和语言的基础,否则开几个乡村学校和使乡下人多识几个字,也许并不会使乡下人"聪明"起来。只有激发农村方面的主动性,形成双向交流与互动,教育才能产生应有的效果。

"文字下乡"在乡村社会遭遇的阻碍,反而说明新教育与乡村社会脱节。众多民国教育家反思新教育失败之原因,师范为教育之母机,新教育在乡村失败实际上反映师范教育之弊端。

"文字下乡"是新教育改革力图普及乡村教育,培养新国民的重要举措。

1921年,余家菊在《乡村教育运动的涵义与方向》一文中,明确提出师范教育应作"下乡运动"。

民国师范教育弊端日益凸显,20世纪20年代前后,师范教育脱离乡村的现实日益严峻,一批有志之士提出乡村师范教育,掀起了创设、改革和发展乡村师范教育运动。而绝大多数师范学校设立在繁华都市,江问渔在1930年的《中华教育界》一文中指出,师范学生"毕业以后皆服务于城市",他们大都"不愿到田间去","有的身在乡村而心在城市"。陶行知振臂高呼,教育要下乡,"知识必须给予农民"。陶行知针对传统贵族教育的弊端提出激烈批评,陶行知强调中国的教育雨,不落在劳苦人的田园里。中国的教育雨,专落在大都会的游泳池里给少爷小姐玩。中国的教育雨,不肯落到乡下去,灌溉农人所种的五谷。中国的教育雨,不肯落到边远的地带去滋长时代落伍的人民的文化。即使偶然顺着风势落它一阵,也是小雨,不能止渴。山东教育厅厅长何思源认为,旧的教育导致这样一个现象:政治只注意城市,不注意乡间,使农村"土匪蜂起",以至社会混乱。"教育成为书面化",完全失去了教育的本意,入学受教育的本意是为文凭,得到文凭能升学做官,或者是能教学,学校变成贩卖的场所。何思源认为,山东旧日师范毕业生,群集都市,以至于师范毕业生虽多,而各县小学教师仍然缺乏,为此山东在交通便利的乡区或学风淳朴的县城设立乡村师范,开设农村社会、农村经济、农业实习、农业访问等科目,培养农村所需要的中小学教师。省教育厅改变设校格局,师范学校多设立在乡、县,以便与农民接近,提出乡村师范生热爱劳动、深入农村,提高文化的使命,如果不了解农村,就无法获得民众信任。1930年王绪兴在《视察省立第三乡村师范学校报告》中提出改进意见:须令学生四处参观,以期学以致用;学校应多订购村治及其工商方面的杂志;令学生向附近居民提倡小本农工商业,以期改良农村生计。

陶行知于1921年指出,乡村教育之不发达已经达到极点,我国人民,乡村占85%,城市占15%。就是有6千万人居城,3万万4千万人居乡。然而乡村学校只有10%。这种城乡不平均的现象各国都不能免,但是我国的乡村未免太吃亏了……现在的师范学校都设在城市,连教授方面,也是重城轻乡。此后亟当想法,怎样才可以使乡村的儿童受同等的知识,享同等的待遇,这就是师范教育的一个新趋势。民国师范教育体制以城市化为中心,脱离农村实际。城市化的师范教育为乡村教育发展带来诸多困难,一方面师范毕业生虽多,但是师范生不愿下乡去农村工作,各县小学教师仍然缺乏,农村从事教育的人大多是小学毕业生,虽然设立县级师范学校,但是受过此种训练的人不多;另一方面,师范生学用脱节,无法满足乡村实际需求。宋寰震在《山西乡村教育概况之调查》中感叹道:"近来师范毕业生,自毕业离校之日起,即为社会失业游民,非不愿服务,实无可服务也。""大学专门毕业学生,本应'高就',惟因在农村破产,失业者众……,能得一小学教员位置,难令人有'翰林院坐知县',大才小用之憾。"陶行知强调舍去眼面前的事业不干而高谈将来的事业,舍去实际生活不改而单在书本课程上做工夫,怕是没有多大成效的。我们不要以为把师范学校搬下乡去就算变成了乡村师范学校。不能训练学生改造眼面前的乡村生活,绝不是真正的乡村师范学校。江苏师范分校尚属试办性质,它的效果,尚难预测。但它们对于乡村教育那点通力合作分门研究及实地试验的精神,却是很宝贵而为全国师范学校所应取法的。[①]

---

① 华中师范学院教育科学研究所:《陶行知全集》(第1卷),长沙:湖南教育出版社,1983年,第600—601页。

科举制度下中国社会的塾师人数众多、队伍庞大，清政府和民国政府一直在努力将其向新式学堂的教师转化。在改良私塾的过程中，对塾师采取甄别改造的办法，考核合格者留任执教，不合格者辞退，有希望改造者则送师范传习所进行短期培训。塾师多为科举落第没落文人，他们以舌耕为业，勉强度日。在私塾改良过程中，一些乡间老儒生，不能适应新教育，也没有接受新知识改造的机会。他们惶惶不可终日。耕读之路走不通怎么办，年轻的或可以进新学堂，转变更快的出国留学，但是到了中年不宜再进学堂而又无力出洋游学者，怎样应对这一复杂的变动？一些从事塾师职业的下层士人因年龄、知识结构和经济窘迫等原因而被迫落伍，一般塾师须先通过县一级政府考试才能教书。师范生结构性矛盾，质量低劣，陶行知尖锐抨击当时师范教育，"师范学校只在那儿教洋八股，制造书呆子。这些大书呆子分布到小学里去又以几何的加速率制造小书呆子，倘若再刮一阵义务教育大风，可以把书呆子的种子布满全国，叫全国的国民都变成书呆子！'中华民国'简直可以变成中华书呆国。"

师范教育城市化偏差必然导致乡村教育师资匮乏，许多乡村教育家奔走呼号，陶行知、黄质夫、余家菊等乡村教育家指出，乡村教育弊端根源在乡村师资，倡导乡村教育师范运动遂成为乡村教育改革的时代必然。师范教育是教育的"母机"，乡村师范教育就是乡村教育的"母机"，只有乡村师范教育才能担当起培养乡村师资的重任，只有乡村师范教育兴起，才能振兴乡村教育。傅葆琛认为乡村师资是普及乡村教育的一个先决问题，而造就乡村小学教师，皆赖于乡村师范。

1931年山东省教育厅厅长何思源认为，设立乡村师范学校目的在于使师范"乡村化"，旧日省立学校，为交通便利，观摩迅速计，多设于都市。及其弊业，恶习浸染，渐忘本来。师范毕业之学生，薄乡村教育而不为，群集都会，事业不恤，以故师范毕业生日多，各县小学师资，仍有缺乏之患。兹特力矫此弊，设校地点，务在交通较便之乡区，或具有淳朴风气之城市。因此省教育厅改变设校格局，师范学校多设立在乡、县，以便与农民接近，培养乡村师范生热爱劳动、深入农村，提高文化的使命，如果不了解农村，就无法获得民众信任。教育厅经常派视察员监督，以观成效。陶行知批评城市化的师范教育脱离乡村教育实际情形。陶行知在批判旧学校"读死书，死读书，读书死"的同时，创办了晓庄师范、山海工学团、育才学校、社会大学等与传统学校完全不同的新型学校。陶行知融会中西先进文化精华，创造了以"生活即教育""社会即学校""教学做合一"为核心的生活教育理论体系,从而在中国教育发展史上留下光辉的一页。陶行知倡导"给生活以教育,用生活来教育,为生活向前向上的需要而教育"。

1929年4月26日,国民政府正式公布了"三民主义"教育宗旨,以及实施这一宗旨应采取的八条方针。其中第七条方针强调,师范教育,为实现"三民主义"的国民教育之本源,必须以最适宜之科学教育,及最严格之身心训练,养成一般国民道德上学术上最健全之师资,为主要之任务。于可能范围内,使其独立设置,并尽量发展乡村师范教育。

1932年10月1日,上海山海工学团在宝山县大场创立。取名"山海",志在唤醒民众,收复东北失地,要日寇还我河山。图为陶行知在工学团成立大会上,前左二为陶行知

从1929年到1935年,国民党先后颁布了6部关于发展乡村师范教育的法令或者教育方案。如1930年3月,国民党三中全会通过《实施三民主义的乡村教育案》,中央政治学校增设乡村教育系,以政治力量促进乡村师范,并且采用军队编制式。1930年4月第二次全国教育会议把乡村师范列为三类:小学毕业六年之乡师;大学前二年之乡村师范专修科;大学后二年之乡村师范学校。

1933年教育部颁布的《师范学校规程》规定:以养成乡村小学师资为主旨之师范学校得称乡村师范学校。师范学校应视地方情形,分设于城市或乡村,于可能范围内应多设在乡村地方;简易师范学校应于可能范围内设在乡村地方。设在乡村之简易师范学校得称简易乡村师范学校。乡村师范遂成为师范教育体系的一部分,教育部规定统一课程,社会实践内容也纳入正式科目。

但是国民党政权强行介入带来乡村师范学校转向,使其成为纯教育机构,早期乡村师范学校所推动的地方自治活动和地方组织建设逐渐失去空间,因此乡村师范学校由乡村改造的中心逐渐被边缘化,对于一些乡村师范学校来说,社会改造只不过是乡村师范的一门课程。这些有悖于乡村教育改革家的理想设计,

陶行知在《师范教育下乡运动》一文中进一步指出："我们不要以为把师范学校搬下乡就算变成了乡村师范学校。不能训练学生改造眼前的乡村生活绝不是真正的乡村师范学校。"①

乡村师范在课程设置上应充满浓郁的乡土特色，除了开设专业课程、教育学、心理学和各科教法外，还增设乡村改良课程，在一些简易乡村师范学校，增加农业与水利、农村经济与合作等多种科目。乡村师范核心要素是解放农民，发展农村教育，培养乡村小学教师，为乡村小学教育服务。

但是民国乡村师范教育并没有取得预期的显著成效。"它的历史太短，在国内尚缺乏充分的科学的研究，各地还在探求新路的过程中，没有齐一的步调，没有具体的标准，全凭大家各干各的，而实际可供参考的普遍而有效的办法，又实在太少。因为它的对象是全体乡村群众，这就无异是说以整个乡村社会为实施对象，以解决整个乡村问题为目的，以这样脆弱的教育力量，去担负如此重任，结果是说了等于白说，做了等于白做。"②乡村师范的倡导者高估了乡村师范的作用，存在"教育幻想成分"，试图以乡村师范学校囊括整个农村教育体系，包括职业教育、成人教育、社会教育，乡村师范教育是单向的文字下乡运动，农村方面并没有主动需求和积极参与，尚未形成双向交流与互动。乡村师范创办者单纯依靠乡村师范发挥乡村改造作用，没有乡村社会良性互动。晓庄乡村师范以改造社会为目的的教育改革在各种试验方案中脱颖而出，受到社会瞩目。

其后民国政府迅速地领会了晓庄师范教育和社会改造试验的政治价值，决定以乡村师范学校作为国家权力进入乡村、重整地方社区的渠道。1932年，国民政府制定了扩大现有乡村师范和增加乡村师范数目的计划，并试图将晓庄的教育经验和社会活动模式推广到所有乡村师范，由国家来主导并分配任务给地方乡村师范。共产党在根据地和解放区创办了"红色乡村师范"，注重招收乡村贫苦儿童成为师范生，意图把乡村师生培养成共产主义革命的宣传和实践者。

---

① 华中师范学院教育科学研究所：《陶行知全集》（第1卷），长沙：湖南教育出版社，1983年，第601页。
② 千家驹，李紫翔：《中国乡村建设批判》，载《民国丛书》第4册，第45辑，第491页。

第二节　南京晓庄试验乡村师范与生活教育理论践行

南京晓庄试验乡村师范又称晓庄师范,是我国近代乡村师范教育发源地之一。在近代乡村师范教育运动之中,晓庄师范学校影响最大,是近代乡村师范教育的里程碑和标杆。陶行知辞去东南大学教授职位,在南京郊外偏僻的荒野创办晓庄师范学校,晓庄师范敲响了改造传统教育的钟声。晓庄师范拓展了乡村和师范之联系,是近代以来的文字下乡和教育下乡运动的延伸,是清末民国初新教育运动的反思、改造和矫正。

一、南京晓庄试验师范——近代乡村师范教育的标杆

1926 年陶行知与东南大学教授赵叔愚等人一起筹建乡村师范学校,校址选在南京远郊偏僻荒凉的晓庄(原名小庄)。陶行知激情澎湃地呼吁这是"一心一意地为中国乡村开创一个新生命"。

1927 年陶行知辞去薪水优越的东南大学教授职务,于 3 月 15 日在长江燕子矶附近偏僻荒山创建晓庄师范学校。陶行知放弃大学教授优厚待遇,脱下西装革履,换上布衣草鞋,带头"到农村去"倡导乡村教育运动,培养乡村教师,推行生活教育,实施民主管理,这所闻名遐迩的新型学校,创建之初,便得到各省纷纷仿效。

陶行知以主要精力从事平民教育,深切感到中国教育改造的根本问题在农村。陶行知强调,平民教育是到民间去的运动,就是到乡下去的运动。中国普及教育,就必须使平民教育下乡,开展乡村教育运动。陶行知在 1926 年《师范教育下乡运动》一文中强调,"中国的师范学校多半设在城里,对于农村儿童的需要苦于不能适应。"[1]陶行知指出,"初级师范大多数设在都市里面,毕业生所受的教育既不能应济乡村的特别需要,而他们饱尝都市幸福的滋味,熏染都市生活的习

---

[1] 华中师范学院教育科学研究所:《陶行知全集》(第 1 卷),长沙:湖南教育出版社,1983 年,第 600 页。

气,非到必不得已时,绝不愿到乡下去服务,于是乡村学校的师资最感缺乏了。"①陶行知走访和实地考察了中国的很多学校,对于实际的中国教育现状有了更深刻的了解。陶行知东奔西走,风尘仆仆,足迹踏遍大半个中国,在他的辛勤奔波和努力下,全国各地开展了多式多样的平民教育运动。同时,陶行知在开展平民教育的过程中深刻感受到,乡村的平民不仅缺文化知识,也缺谋生的知识,思想封闭僵化,愚昧落后,要解决乡村平民的问题,必须进行乡村改造运动。

1925年8月,在太原召开的中华教育改进社第四次年会的主题之一是加强乡村教育。陶行知早在20世纪20年代初就曾讲过,乡村教育不发达,可说达到极点。陶行知认为挽救中国,必须从挽救乡村开始,挽救乡村必须从挽救乡村教育开始,因此他开始关注乡村教育,提出到乡村去。他认为,师范教育是改造社会环境的一个重要方法,下决心要募集一百万元基金,征集一百万位同志,提倡一百万所学校,改造一百万个乡村。陶行知认为"中国向来所办的教育,完全走错了路",那么生路是什么,就是建设适合乡村实际生活的活教育。我们要从乡村实际生活产生活的中心学校,从活的中心学校产生活的乡村师范,从活的乡村师范产生活的教师,从活的教师产生活的学生、活的国民。

1926年开始,陶行知积极筹划建立乡村实验学校。1927年3月5日,陶行知用筹集的开办费1万元,常年经费1.2万元,设备费5000元,购买南京神策门外的小庄(后由陶行知改名为晓庄)田园200亩,荒山10里作为校址和农场,并聘定吕镜楼、杨效春、邵仲春、朱葆初等为指导员。1927年1月10日晓庄的招生广告要求:

晓庄的培养目标:(一)农夫的身手;(二)科学的头脑;(三)改造社会的精神。

考试科目:(一)农夫或木工操作一日;(二)智慧测试;(三)常识测验;(四)作文一篇;(五)五分钟演说。

本校条件:(一)田园200亩备耕;(二)荒山十里供造林;(三)最少经费供学生自造茅屋住;(四)中心小学数处供学生实地教学做;(五)指导员数人指导学生教学做。

投考资格:初、高中,大学一年半程学生;有农事或木工经验;及在职教师有相

---

① 陶行知:《陶行知全集》(第1卷),成都:四川教育出版社,2005年,第377页。

当程度,并愿与农民共甘苦,有志增进农民生产力,发展农民自治力者,皆可投考;

特别声明:小名士、书呆子、文凭迷,最好不来!

1928年3月,陶行知在晓庄师范周年纪念会上讲话,他说:"教学做合一是我们的根本主张,乡村教育之能否改造,最要紧的是要问我们肯不肯把整个的心献给乡村儿童。"

晓庄师范学校贯彻陶行知"生活即教育""社会即学校""教学做合一"的教育思想,设五门课程:中心小学生活教、学、做;中心小学行政教、学、做;师范学校第一院院务教、学、做;征服天然环境教、学、做;改造社会环境教、学、做。目的在于培养新的乡村教师,使之具有农夫的身手、科学的头脑以及改造社会的精神。全校师生脱下长衫,穿短褂草鞋,不仅在课堂上课,也到周围村庄交朋友,帮助创办小学和幼稚园,学生分批前往任教。学生还到尧化门、和平门两所特约小学进行实习和指导,到农场劳动,到厨房挑水、烧饭,在图书馆看书报,在民众茶园演讲、说书,在小学、幼稚园指导小朋友做各种活动,上山砍柴,在野外打井。该校为农民组织运动会,建立救火会、武术会、自卫团等,以推进乡村的社会改造,推动师生从改造中学习。学校充满朝气和活力,充满爱国热情和革命气氛。师生积极参加南京市大中学校反帝爱国游行,支持下关工人罢工斗争。

总之,以乡村中心学校为中心,联系乡村社会实际办好乡村师范教育,培养合格的乡村教师,担负起改造乡村的任务,是陶行知乡村教育的基本主张。

1927年3月11日招生考试,由于当时北洋军阀与南京城外北伐军对峙,呈战争状态,有13名青年冒着枪林弹雨赶来应考,还有20多人请假补考。陶行知很欣喜。应考学生中操震球本是清华大学部二年级学生,看到陶行知晓庄的招生简章,打算从清华退学来晓庄入读,"决意从事乡村教育,创建中心学校,鞠躬尽瘁,死而后已"。程本海原是上海中华书局编辑所图书馆主任,不顾劝阻毅然投奔晓庄。

1927年3月15日,南京试验乡村师范学校在晓庄劳山脚下举行了隆重的开学典礼。校长陶行知发表了热情的演说:"本校特异于平常的学校有两点:一无校舍,二无教员。大凡一个学校创立,总要有房屋才能开课。我们在这空旷的山麓行开学礼,实在是罕见的。要知道我们的校舍上面盖的是青天,下面踏的是大地,我们的精神一样的要充溢于天地间。所造的草屋,不过避风躲雨之所。本校只有指导员而无教师。我们相信没有专能教的老师,只有经验稍深或学识稍好的指导,所以农夫、村妇、渔人、樵夫都可做我们的指导员,因为我们很有不及他们之处。我们认清了这两点,才能在广漠的乡村教育的路上前进。"

蔡元培时任南京国民政府大学院院长,陶行知申请创办晓庄师范学校,蔡元培给予大力支持,并亲任晓庄师范学校董事长,陈鹤琴、张宗麟、赵叔愚等均加盟晓庄的教育事业,并担任重要职务。

晓庄师范学校在三年内的建设成果如图:

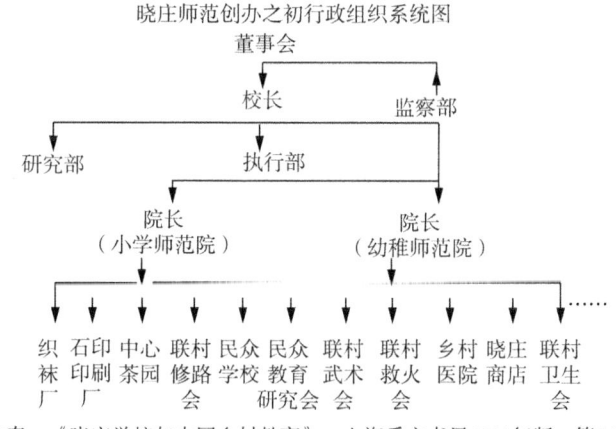

晓庄师范创办之初行政组织系统图

```
                    董事会
                      ↓
            校长 ← → 监察部
             ↓
   研究部   执行部
             ↓
        ┌────┴────┐
       院长       院长
    (小学师范院) (幼稚师范院)
        ↓           ↓
   织 石 中 联 民 民 联 联 乡 晓 联
   袜 印 心 村 众 众 村 村 村 庄 村
   厂 印 茶 修 学 教 武 救 医 商 卫
      刷 园 路 校 育 术 火 院 店 生
      厂 会 会    研  会 会      会
              究
              会
```

(杨效春:《晓庄学校与中国乡村教育》,上海爱文书局1928年版,第54页)

类别	名称
乡村教育	中心小学(8所)
	中心幼稚园(5所)
	民众学校(5所)

续表

公共事业	中心茶园(4个)
	农艺陈列馆
	乡村艺术馆
	晓庄乡村武术会
	北固乡修路委员会
	联村运动场
	联村救火会
	联村自卫团
	禁烟(毒)委员会
	禁赌委员会
经济事业	中心木匠店
	石印厂
	晓庄商店
	乡村信用合作社

20世纪20年代后期,以晓庄师范为代表的乡村师范,试图探索一条与当时西方现代化模式所不同的路径,用以指导乡村的现代转型。

关于乡村师范学校在共产主义革命兴起与传播中的作用,以及师范学校学生在校内卷入革命的各种因素和过程进行深入分析。有华东师范大学刘昶教授在《革命的普罗米修斯：民国时期的乡村教师》中讨论过乡村教师在革命过程中的作用。

为了解决新式教育的本土化问题,乡村本土教育家进行了各种改革和实验,通过为乡村社区培养领袖人才,领导乡村的现代化改造。20世纪20年代,随着平民教育的发展和延伸,乡村教育越来越受到知识分子的重视,并逐渐形成了一股思潮和运动。在世纪新旧历史际遇面前,中华教育界一些试图通过教育来改造农民和建设农村,进而解决中国问题的知识分子,开始偏离近代以来教育在城市发展的轨道,深入到农村开展教育实践,他们之间互相联络、互通声气,形成了一场波澜壮阔的乡村教育运动和乡村改造运动,为中国农村的教育改造和社会改造开创了一种前所未有的局面。

陶行知在《改革乡村教育案》一文中,认为"现在中国的乡村教育",是"不合于乡村实际生活"的,这种教育倘不彻底改革,则旧的力量不能维持,新的力量不能产生,我们的民族恐怕要日益贫弱,以至于灭亡。

1922年的教育改革家在政治上的无力感让他们想要以教育解决政治问题,于是仿照当时最先进的美国模式,引进美式教育体系,结果引起严重不适,才有了乡村师范的兴起。

20世纪中国教育中不断浮现的问题是书本知识与社会应用、外来体系与本土实践之间的冲突与协调问题,即本土化的问题。中国近代化的历程始终要面对乡村社区转型的问题,前一个是前近代教育体系中本来就存在的,而后一个则是教育现代化以后新出现的。这些问题在清末时出现过,在民国时期出现过,在1949年以后也继续出现。

近代西式教育改革以都市教育为主,以都市为中心并服务于都市发展的教育模式为导向,抽空了乡村人才和社区领袖,造成乡村社区不断萧条、瓦解。晓庄师范学校的实验提出的许多问题,在后来的南京国民政府期间,在1958年的教育改革中间,甚至在后来都一再浮现。现在乡村地区的青年依然被"抽出"村庄,乡村社区后继无人。

虽然从整体状况来看,目前中国教育状况也许十分接近19世纪末20世纪初那些"现代化派"的理想,但是也仍然存在本书中讨论的19世纪以来一直存在的一些问题。在过去的一百多年中,面对同样的问题,满清政府试图解决,1922年壬戌学制的改革者们以及陶行知等人都试图解决。

南京国民政府和中华人民共和国政府都推行过一系列的改革方案,从不同方面试图解决相同的问题。这种现象表明,近代以来教育与社会需要之间的根本性问题并未解决。当历史曲折回荡到了21世纪,我们仍然要面对乡村社会转型的问题,从这一角度看,20世纪的本土教育实践给我们的启示具有重要意义。

从改造乡村社会的视角推出的"活教育"的概念,以谋求乡村社会全面的改造与建设,试图解决当时中国的乡村社会问题。陶行知在批判旧学校"读死书,死读书,读书死"的同时,创办了晓庄师范、山海工学团、育才学校、社会大学等与传统学校完全不同的新型学校。陶行知融会中西先进文化精华,创造了以"生活即教育""社会即学校""教学做合一"为核心的生活教育理论体系,陶行知将生活教育定义为:给生活以教育,用生活来教育,为生活向前向上的需要而教育。

旧式教育严重脱离生活。陶行知予以讽刺："大笼统,小笼统,大小笼统都是蛀书虫,吃饭不务农,穿衣不做工。水已尽,山将穷,老鼠钻进牛角筒。"①

教育须以生活为土壤,"生活主义包含万状,凡人生一切所需皆属之。其范围之广,实与教育等"②。教育既是"生活的改造","一切教育必须通过生活才有效",其"根本意义"恰恰在于"生活之变化"。

对于陶行知而言,生活之精髓乃是教育之真谛。何以改造中国乡村教育?在《地方教育与乡村改造》一文中,陶行知强调,"办学和改造社会是一件事,不是两件事。改造社会而不从办学入手,便不能改造人的内心;不能改造人的内心,便不是彻骨的改造社会。反过来说,办学而不包含社会改造的使命,便是没有目的,没有意义,没有生气。所以教育就是社会改造,教师就是社会改造的领导者"③。陶行知把教师置于领导者地位。要发展乡村教育,就必须有一批心甘情愿为乡村建设服务的教师。乡村学校不单纯是教育机构,更应该是改造乡村的力量;乡村教师也不应单纯传道授业解惑,更应该是学校和乡村的灵魂,影响并推动乡村进步。陶行知的乡村教育由此得以架构,培养乡村教师,建设乡村社会,改造乡村中国。"生活即教育"是生活教育理论原则的核心,是它的本体论。一方面,教育与生活是一致的,教育对生活是从属的。正如前文陶行知所言:"生活主义包含万状,凡人生一切皆属之。其范围之广,实与教育等"④,"包含广泛

---

① 陶行知:《行知诗歌集》,北京:三联书店,1981年,第123页。
② 华中师范学院教育科学研究所:《陶行知全集》(第1卷),长沙:湖南教育出版社,1983年,第78页。
③ 华中师范学院教育科学研究所:《陶行知全集》(第2卷),长沙:湖南教育出版社,1983年,第128页。
④ 同上,第78页。

意味的生活实践的意思",而"整个的社会活动就是我们的教育范围"。陶行知强调,"教育就是生活的改造","教育就是社会的改造","化人者也为人所化"。陶行知强调,"一切教育必须通过生活才有效","我们想受什么样教育,便须过什么生活"。生活决定教育,教育须随生活变化而变化,生活教育是"与时代俱进",现代的人过现代的生活,"就是要受现代的教育"。另一方面,教育对生活有能动性。教育要改造生活,教育对生活有制约、促进的巨大作用。陶行知强调,"教育的根本意义是生活之变化","我们要拿好的生活来改造落后的生活",且"拿前进的生活来引导落后的生活","生活无时不含有教育的意义"。教育是能够引起生活变化的"伟大的力量"。

"生活即教育",是"拿全部生活去做教育的对象"。陶行知认为各行业的艺徒制效果良好,师徒之间应是朋友关系,应改艺徒制为艺友制。陶行知认为,凡学校有一艺之长的教师便可招收艺友,本着教学做合一的方法对其进行训练。这些有优秀教师招收艺友的学校,皆可成为训练教师的中心。陶行知认为,艺友制不但是最有效力之教师培植法,并且是解除乡村教师寂寞和推广普及教育师资之重要途径,"是要和师范学校相辅而行的",而"不是拿来替代师范学校的"。当时南京晓庄试验乡村师范、市立实验小学、鼓楼幼稚园、燕子矶小学、尧化门小学和燕子矶幼稚园6校联合招收艺友。

乡村师范学校不能仅仅作为单纯的教育机构,而是一种社会机构,不仅在教育现代化中起过重要作用,而且扮演社会政治功能。都市学校培养的师范生,不愿到乡下服务,即使到了乡下,也过不惯乡下生活,感到有苦无乐,也不会久待。陶行知认为,教育界需要什么人才就该培养什么人才,乡村学校缺乏乡村教师,那就应该培养乡村教师,于是乎,他提出了建设"乡村师范学校"的主张,就是专门培养乡村学校校长、教师的学校。乡村师范学校理应顾及乡村农家子弟,陶行知反复强调,我以为有好多师范学校,应当设在小的镇上,一方面可与乡下的环境相接近,一方面有实地教学的机会。中国的农民占85%,设立师范学校,宜顾全农家子弟。陶行知深刻意识到"乡村师范学校负有训练乡村教师、改造乡村生活的使命","我们要想每个乡村师范毕业生将来能负起改造一个乡村之责任"。陶行知于1927年3月15日创办晓庄学校,开始了乡村建设之路的探索与实践,其乡村教育思想在乡村教育实践中进一步发展完善。其具体内涵表现为:教育作为改造乡村社会重要工具的理念日益凸现。在论述教育与社会改造的关系时,陶行知建构教育与乡村社会改造良性循环,以教育改造乡村社会进步。

二、南京晓庄试验乡村师范与生活教育理论践行

1927年3月北伐革命大军兵临南京城下,张宗昌所辖的直鲁联军与北伐军激战正酣。陶行知先生在《乡教丛讯》中写道:"我们中国现在正是国民革命的势力高涨之秋。惟既有国民政治上的革命,同时还须有教育上的革命。政治与教育原是不能分离的,二者能同时并进,同时革新,国民革命才有基础和成功的希望。本校是于本年三月开学,当时宁地战事风云正急,三路交通,俱已断绝。而各同学冒危险,自上海、镇江、安徽、浙江、江西相继前来,本校遂得于枪林弹雨中如期开学。自开校迄今,屡经战事及其他变故,故现在设备及其他一切,俱觉不很完备。"陶行知认为,政治革命须辅之以教育革命方能成功,陶行知大力推行教育革命,以教育革命推进新社会建设。在陶行知先生看来,晓庄师范是实现教育革命的实验。

1927年南京战事正急,晓庄试验乡村师范诞生于战争炮火之中,三路交通都已断绝,在陶行知先生之大爱精神的感召下,来自江苏、安徽、浙江、江西和上海等地学生冒着枪林弹雨从四面八方来到晓庄如期参加开学仪式,自晓庄开学以来,战事不断,学校设备极其简陋,物质生活条件极端匮乏。

1927年,陶行知辞去了东南大学每月500块大洋的高薪工作,在南京郊外创办了晓庄学校。在创办晓庄学校之初,陶行知提出了"生活即教育""社会即学校""教学做合一""在劳力上劳心"等一系列口号,开始构成了他的"生活教育论"体系。

陶行知以此规划学校,指导办学,培养具有"农夫的身手,科学的头脑,改造社会的精神"的"活的乡村教师",使晓庄师范别开生面,生机勃勃。提倡的"生活即教育""社会即学校""教学做合一""在劳力上劳心"的理论,目的是要"发展学生的生活本领"。"教学做合一",即以"做"为中心,成为"行是知之始""重知必先重行""有行的勇气才有知的收获"。

陶行知视乡村教育为"立国的根本",1926年,陶行知在南京郊外老山脚下的小庄创建了一所乡村师范学校,自任校长,改地名为"晓庄",取"日出而作"之意。陶行知脱去西装,穿上草鞋,与师生一起开荒、一起建茅屋。他提倡的"生活

即教育""社会即学校""教学做合一""在劳力上劳心"的理论,目的是要"发展学生的生活本领"。"教学做合一",即以"做"为中心,成为"行是知之始""重知必先重行""有行的勇气才有知的收获"。陶行知的"爱满天下"教育情怀可谓是其推进其生活教育理论生成与实践创新的原动力,生生不息。晓庄就是"从爱里产生出来的,没有爱便没有晓庄"。1929年5月19日,陶行知在晓庄乡村师范的寅会上强调"教育即生活"是杜威先生的教育理论,也就是现代教育思潮的主流。他进一步强调,他从民国六年便带着这个思潮回到中国以来,八年的经验告诉他说"此路不通"……没有"教育即生活"的理论在前,绝产生不出"教学做合一"的理论。但到了"教学做合一"的理论形成的时候,整个的教育便根本地变了一个方向,这新方向是"生活即教育"。

改造乡村培养现代化的人才,推动乡村建设的发展。乡村师范学校的五个培养目标是健康的体魄、农人的身手、科学的头脑、艺术的兴趣、改造社会的精神。

民国时期,仁人志士抱着教育救国的教育理想,期望通过教育改造社会。陶行知通过创办乡村师范学校,培养知行合一的推动乡村社会变革的领袖教师。陶行知的乡村师范之主旨是造就有农夫身手、科学头脑、改造社会精神的教师。陶行知开展乡村师范教育的途径包括三个方面:生活即教育、教学做合一、在劳力上劳心。陶行知寄希望于通过活的乡村师范产生活的乡村教师,从活的乡村教师产生活的乡村学生和未来活的国民,从而实现教育救国的梦想。

1927年,陶行知在南京创办晓庄试验乡村师范。创办之初晓庄就像陶行知在开学典礼上所说的,一无校舍,二无教员。但是,一年后的晓庄,其成功已初见雏形。在《晓庄试验乡村师范的第一年》一文中,我们可以看到这所学校是如何在战火中,在物质匮乏、难以为继的情况下,依靠着陶行知的理念,汇聚学生和农友的力量而生存下来的。

晓庄师范学校的课程立足于"本土化"和"生活化"的课程设置。以陶行知为代表的教育家群体,对乡村教育进行理论阐述和实践探索,为中国乡村师范这一师范教育的重要组成部分,更好地践行其办在乡村、专门培养乡村小学教师的宗旨,从而达到改造乡村教育和中国乡村社会的目的,进行了极具历史价值的努力。对当时的师范学校设立在都市,不利于培养适应乡村社会发展的乡村教师的现实问题的反思,陶行知提出"乡村师范学校应设在乡间"的主张,并将晓庄师范学校的校址选在了南京荒郊,紧贴乡村生活的地气。这样,师生过的是乡下的生活,学习的是乡村生活的本领。

陶行知实验主义深受杜威实用主义之影响,他认为试验方法的教育可以达到救国的目的。陶行知反复强调非试验的教育方法,不足以达救国之目的。但在不断的教育实践中,陶行知认识到杜威的实用主义教育理论存在极大的缺陷,并进行批判性地改造,最终形成了生活教育理论。杜威的实用主义教育理论主张,生活即教育,学校即社会,从做中学。陶行知在不断地教育实践经验中认识到,"教育即生活"是行不通的,领悟出了"教学做合一"的道理。

"社会即学校"是生活教育的场地论。一方面是指教育范围的扩大,彻底打破围墙束缚,"整个社会的活动",就是"我们的教育范围"。"整个社会是生活的场所",就是我们"教育之场所",把原来的"小众教育化为大众教育",诸如马路、弄堂、乡村、工厂、店铺等凡是生活的场所,这些"就是我们教育的场所",社会的每一角落,每块地方,每一个生产生活的单位,统统都兼有学校的职能,社会是一个大学校。另一方面,学校必须与社会沟通,与社会相联系,与社会打成一片。这样教育材料、教育方法、教育工具以及教育环境都可大大增加,学生和先生随即也可以更多起来。

"教学做合一"是生活教育理论的方法论。陶行知认为,它包含两层意思,"教学做合一"是生活现象的说明,"教学做合一"是教育现象之说明,在生活里,对事说是做,对己之长进说是学,对人之影响说是教。教学做只是一种生活之三方面,"教学做是一件事"而"不是三件事";"教学做合一"是生活法,也是教育法,教的方法,要根据学的方法,而学的方法,要根据做的方法,"事怎样做,便怎样学,怎样学便怎样教,教与学都以'做'为中心"。先生要"在做上教",学生要"在做上学"。如果"先生与学生失去了通常严格之区别",那么"在做上相教相学组成了人生普遍的现象",教学做的中心是"做",而做是发明、创造、实验、建设、生产、破坏,更是探寻出路,这其中也包括文艺等精神生产。

陶行知强调,"书是一种工具,是一种生活的工具,一种'做'的工具,死读书是错误的,但在教学做合一的原则下,书还是有地位的"。书本不是静态的储存器,陶行知强调,要"为行动而读书",要"在行动上读书",行动所产生、发展的理论,为的是要指导整个行动,从而引着整个生活迈入更高的人生境界。自然社会里的生活,产生活的中心学校;活的中心学校,产生活的师范学校;活的师范学校,产生活的教师;活的教师,产生有活力的国民。乡村学校做改造乡村的中心,乡村教师做改造乡村生活的灵魂,共用"鸟笼"譬喻,用"晓庄模式"演绎,用"工学团模式"诠释。

金海观是近代师范下乡知识分子中的一员。在金海观的领导下,浙江湘湖乡村师范学校积极开展工学制试验,拓展师资培训形式,在注重质量的基础上扩充规模,促进了近代中国乡村师范教育的发展,为中国乡村培养了大批合格师资。何思源主持的山东教育厅大力发展乡村师范教育,成为山东基础教育改革的重要支撑力量。山东旧日师范毕业生,群集都市,以致师范毕业生虽多,而各县小学教师仍然缺乏,因此省教育厅改变设校格局,师范学校多设立在乡、县,以便与农民接近,养成乡村师范生热爱劳动、深入农村、提高文化的使命,如果不了解农村,就无法获得民众信任。1930年王绪兴在《视察省立第三乡村师范学校报告》中提出改进意见:须令学生四处参观,以期学以致用;学校应多订购村治及其工商方面的杂志;令学生向附近居民提倡小木农工商业,以期改良农村生计。

第三节　陶行知"艺友制"师范教育模式及其当代价值

艺友制师范教育是陶行知倡导的师范教育形式。1928年1月他在《艺友制师范教育答客问》中提出,"艺是艺术,也可作手艺解。友就是朋友。凡用朋友之道教人学做艺术或手艺便是艺友制"。

一、何谓艺友制

艺友制缘起的大背景在于陶行知先生欲改造乡村社会的理想,然而现实是民国时乡村师范教育的种种不足,成为改造乡村的障碍,所以他深刻认识到乡村教师的师资培养问题是乡村教育的先决问题,也是改造乡村的先决问题,于是陶行知1927年自行在南京创办乡村师范试验学校,主要目的便是培养面向乡村的乡村教师,解决以往师范教育"离农"倾向严重的问题,并希望通过乡村教师去改造乡村,"艺友制"是作为辅助乡村教师培养而产生的。

(一)艺友制教育的缘起与发起

陶行知发起艺友制教育有两个原因,第一是因为师范教育的缺憾,师范教育中的理论学习和实践学习分开,"大书呆子教小书呆子",即便有很多师范生毕业并已在教学岗位上工作,但是依旧对教育没有多少贡献,没有办出"令人佩服的学校";第二是艺友制教育在各行各业的实际教育成效,比很多手艺行业,如师傅带徒弟的效果更好,但是艺友制虽有效力,也有缺点,即师傅匠人的秘诀通常对徒弟不肯轻易传授,所以叫艺友制,不叫艺徒制。"艺是艺术,也可以作手艺解。友就是朋友。凡用朋友之道教人学做艺术或手艺就是艺友制。"

陶行知认为教师的职务也是一种手艺,学做教师有两个途径:即从师和访友。朋友之间的交流与练习比跟老师交流学习来得更加亲切自然有效果,所以想成为一个好教师的最好的方法是和好教师做朋友,艺友制师范教育,即"用朋友之道教人学做教师"。1927年,燕子矶幼儿园作为当时中国第一个乡村幼稚园成立了,办学之初,徐世璧担任幼儿园指导员,招收了燕子矶校长夫人和两个师范生作为学徒。这可以看作最早的艺友制教育。后来幼儿园采用的这种培养学徒的方法,推广到了小学,这样任何一个小学和幼儿园都可以培养师资,而且方法行之有效,在一定程度上缓解乡村师资缺乏的现象。这种新的培养师资的制度在1928年被正式命名为"艺友制教育"。

为了宣传艺友制教育思想,陶行知先后发表了《艺友制的教育》《艺友制师范教育答客问——关于南京六校招收艺友之解释》《艺友制是补师范教育之不足——致潘畏三》等文章,从艺友制的发起、内涵、如何应用以及与师范教育的关系等方面介绍了艺友制教育。艺友制教育也得到了当时一批进步教育家的支持,他们认同其作为乡村师资培养的有益补充之方法,在当时的社会经济政治环境下,确实行之有效,并且可以在不同地区尝试推广,纷纷撰写系列文章宣传艺友制教育。陶行知的子弟也不遗余力宣传艺友制教育,1932年,戴自俺和孙铭勋在联名出版的《晓庄幼稚教育》一书中详细介绍了艺友制教育目标、培训过程、学习任务和考核标准等。程本海在1948年发表的《艺友制教育辅导教育之理论与实际》一文,介绍了艺友制教育的意义、师范教育和艺友制的关系、方法、功用以及实施等内容。另外,陈鹤琴作为陶行知的校友密友,志同道合,他对艺友制也表示了极大地理解和支持,1936年,陈鹤琴在其编写的《新实习》中根据陶行知的思想,指出在师范生的实习指导工作方面,可以学习沿袭艺友制教育精神。

1930年,"艺友制的教育"作为词条被写入《教育大辞书》,唐振宗在1949年出版的《生活教育》一书中,从艺友制教育的发起背景、内涵与方法、招收艺友的条件以及艺友生活问题的解决等方面,做了简单明了的介绍,对艺友制教育实施中的一些细节问题,做了很好的补充。

(二)艺友制教育的完善与制度化

1. 艺友制教育的方法。艺友制教育方法采取教学做合一,事怎样做便怎样学,怎样学便怎样教。教的法子根据学的法子,学的法子根据做的法子。要求"先行先知的在做上教",而"后行后知的在做上学",基于"大家共教共学共做才是真正的艺友制",也"惟独艺友制才是彻底的教学做合一",艺友制教育改变了传统师范教育教师和学生以书本为教学和学习载体的模式,让师范生在真实的情景中了解体验熟悉乡村教育、乡村社会,解决了师范生"离农"现象严重的问题。

2. 艺友制招生形式。艺友制的招生方式主要有考试、推荐等形式。艺友招收的标准一向严格,比如,幼稚园艺友一般招收本地高小毕业女学生,年龄在14~18岁之间,小学艺友的招生资格往往为中学毕业或现任小学不合格教师,师范部的艺友招收条件则为"大学毕业生或现任中学不合格的教师"。有教学经验的教师很多参加艺友制招生考试。比如,广东百侯中学在1934年就通过考试的形式,从4个省8个县市择优录取了38名艺友,其中相当一部分是有多年教学经验的小学教师,湘湖师范在1938年也通过考试形式招收了2名艺友。同时,推荐或者派遣也是艺友招生的另一种途径,陈鹤琴1928年向南京市立实验小学派遣毕业生作为艺友。总之,艺友制的招生在艺友制教育的实践中不断完善与制度化,既有严格的标准,也结合实际情况进行招生,在当时的师范教育领域产生了一定的影响。

3. 艺友制教育的课程安排。艺友制教育课程安排根据不同学段的艺友有所不同,但主要包括基础知识与专业知识的训练,专业知识的训练占很大比重。培养幼稚园艺友的课程主要包括一般的教育理论、幼儿教育理论以及幼稚园的技能,比如音乐、手工、故事、游戏、园艺等;而面向中小学艺友的课程多侧重于中小学各科教学法、教育史及其他教育和心理学理论,学生每天交日记,每周写学习心得,指导老师审阅等。

二、艺友制师范教育模式特点、内涵及其方法论创新

艺友制通过对现场的充分观摩学习,有效提升了师范生应对实际教学的能力,像艺徒制一样,确保了在这种模式下教育的效率,有效培养了乡村教师的实际教学技能和能力。与传统师范教育毕业的学生相比,艺友制培养出来的幼儿教师,在实践教学能力方面往往更加出色。

(一)艺友制师范教育模式特点及内涵

我们分析艺友制教育的具体做法,发现其模式有以下特点:

其一,采取师徒制的实用效果,更加有效培养教师的实际教学技能和能力。陶行知先生提出艺友制的原因之一,便是看重行业中的艺徒制教学实效好,在现场边学边干,也体现了陶行知"教学做合一"的方法,知行合一,把教师的教、学生的学和实践中的做三者有机统一起来,解决了师范教育实践教学薄弱的问题。艺友制教师培养模式主要围绕开展课堂教学实务来运作,老师在实际教学课堂实务中,亲身示范。这种示范不是现在看来的公开课形式,而是在教师真实的课堂以及教学实务中原貌呈现,完全现场、真实、实务化,就像艺徒制,有利于艺友观察、效仿。艺友不仅要看,也要实操,真正扮演教师去完成课堂教学,处理作为教师会面临的各种教学实务,实践出真知,有助于艺友形成和提升实际工作能力。

其二,以朋友之道互帮互学,强调教师与艺友之间的平等关系。艺友制是陶行知先生对艺徒制的创造性地吸收和改造,并将之运用到师范教育,友是朋友,用朋友之道教人学习艺术或做手艺便是艺友制。陶行知对于教育平等的看法是,人天生有各种禀赋的差异,这是客观事实,那么在"政治上,生计上,教育上,立平等之机会",使每个人都能得到自然发展而为社会所用。陶行知的艺友制,突破了传统艺徒制的弊端。因为传统的艺徒制中,工匠待艺徒如奴仆,工匠的秘诀、秘方不会轻易传给徒弟,徒弟在前进的道路上自己摸索,常常会耽误时间、浪费精力,而且徒弟做的工作偏重劳力。所以在艺友制中,陶行知强调成熟教师和新晋教师作为朋友平等相待、真诚相待,彼此毫无保留地传授与交流学习教学技能,这是艺友制区别于艺徒制的一点,即老师和学生亦师亦友,用艺友制方法培训教师,在晓庄取得了很好的效果。陶行知先生在艺友制教育里遵循"共同生

活"的原则,既要追求"形式的共同生活",也要追求"真正的共同生活",所谓"真正的共同生活",就是"灵魂相见"的共同生活。艺友制教育体现了陶行知先生教育平等的思想,主要体现在师生人际关系方面,即师生的平等,主要目的是为了提高师生之间的学习实效,成熟教师的经验可以真实原封不动地传授给学生,让学生可以在最大程度上尽可能地吸收前辈教师的经验。

其三,艺友制教育方法在培养乡村师资方面,特别是在拉近师范生了解乡村实际生活和事务方面有明显效果。在晓庄师范培养师范生的过程中,陶行知坚持"教学做合一",学生的生活与教育相结合,生活便是教育,借助艺友制,将乡村有一技之长的人聘请为乡村师范的指导老师,让学生接触了解乡村生活实际,在生活教育中成长,比如,学生跟着木匠学木工,了解农人生活。陶行知先生培养师范生的一个侧重点就是培养师范生亲近乡村的感情,并最终把拯救乡村作为他们以后工作的使命。因此,艺友制这种平等无缝对接的交流学习形式对晓庄培养乡村师资是一种重要的补充形式,培养了师范生与乡村的感情,增加他们对乡村的了解和同情,潜移默化增加他们对乡村的责任心和使命感,塑造他们作为知识分子的公共情怀,为他们未来在乡村教育上做出贡献铺上坚实的责任伦理之石。

(二)艺友制方法论创新之处

艺友制方法论创新之处体现在以下几个方面:

1.试验主义的教育思想指导,拓展了培养乡村教师的途径。深受中国传统文化熏陶的陶行知,来到美国哥伦比亚大学求学,哥大是美国当时"进步主义教育运动"的中心,陶行知学习到很多进步主义的教育理论,被杜威"芝加哥大学实验学校"八年实验的精神所感动,这也是他回国以后要进行教育改革和试验的原因之一。正因为他有致力于试验的精神和魄力以及付诸实践的能力,为中国教育开辟了一条新路径。博采众长为我所用,艺友制教育的提出便是陶行知先生在特殊的时代背景和条件下,为了弥补当时师范教育的不足而提出来的,作为师范教育的辅助力量和途径,培养能够扎根乡村、改造乡村的师范生。事实证明,艺友制培养的毕业生很快就能在实际教学中独当一面,艺友制教育得到了一些教育家和学者的接受、支持和推广。

2.务实创新传统师范生培养的模式。艺友制以试验主义教育思想为指导,采用"教学做合一"的教学方法,吸取了艺徒制的优点而舍其弊端,大胆创新、大胆试验,在当时中国特殊历史环境条件下,开辟了一条培养乡村师资的捷径。利用在职教师培养职前教师,学生直接跟随教师进入教育实践环节,短、平、快是其区别于传统师范生培养模式的显著特点。

3. 艺友制教育构建了师生实践共同体。师生共同生活,共同实践,发挥了优良的中小学教师带新教师的作用。强调学习者参与实务,通过"行中思""行中知",在实践中锻炼磨炼出应对各种具有挑战性的教学状况时所应具备的应变能力和适应能力,并学会创造性地解决问题和学会各种教学策略。

4. 艺友制的教育时间更短。学生直接在现场实习,更加针对乡村教育。教师只要有艺,有指导能力,都可以招收艺友,比如,音乐家、医生、拳师、农夫、裁缝、戏剧家等,都可以招收艺友,艺友制里的老师不分职业,都是平等的。学生与有经验的教师交朋友,在实践中学习当教师,方法是边干边学。艺友制的幼稚师范教育,最大的特点也是优点,是学生在幼稚园中实地学习,克服了师范教育脱离实际的现象。这是在不可能迅速建立大批师范学校的情况下,亦能培养有质量的师资的途径。节省时间,一年半到两年结业,缩短幼师三年的毕业期限。

三、艺友制对当前乡村教师教育改革的时代价值

全面推进乡村振兴,是中共十九大作出的重大决策部署,是决战全面建成小康社会、全面建设社会主义现代化国家的重大历史任务,是新时代"三农"工作的总抓手。乡村振兴离不开乡村教育振兴,近年来,国家不断加大对乡村教育的政策支持力度,乡村教师教育处于崭新的发展阶段。2015年,国务院办公厅在《乡村教师支持计划(2015—2020)》中提出,到2020年,努力造就一支素质优良、甘于奉献、扎根乡村的乡村教师队伍。2018年,教育部等五部门印发的《教师教育振兴行动计划(2018—2022年)》中提到为乡村学校培养"下得去、留得住、教得好、有发展"的合格教师。同时特岗教师计划是教育部针对中西部农村义务教育的特殊政策,通过公开招聘高校毕业生到中西部地区"两基"攻坚县及县以下农村学校任教,引导和鼓励高校毕业生从事农村义务教育工作,创新农村学校教师的补充机制,逐步解决农村学校师资总量不足和结构不合理等问题,提高农村教师队伍的整体素质,促进城乡教育均衡发展。大学生志愿服务西部计划,是团中央、教育部根据国务院常务会议、《国务院办公厅关于做好2003年普通高等学校毕业生就业工作通知》和2003年全国高校毕业生就业工作电视电话会议精神的

要求而实施的,财政部、人社部给予相关政策、资金支持。该项计划从2003年开始实施,按照公开招募、自愿报名、组织选拔、集中派遣的方式,每年招募一定数量的普通高等学校应届毕业生或在读研究生,到西部基层开展为期1~3年的教育、卫生、农技、扶贫等志愿服务。这一系列的措施旨在振兴乡村教育,解决边远地区教师缺少的问题,解决城乡之间、东西部之间教师质量和总量不平衡的问题,让每一个孩子,不论身处城市或者乡村,不论在西部或东部,都可以享受到公平有质量的教育。回顾艺友制,其对当下乡村教师教育改革的时代价值有一定借鉴意义。

(一)要将自己的命运同国家民族的命运紧紧联系在一起,培养师范生献身乡村教育的理想信念

当今社会跟陶行知先生所处的时代一样,大部分师范院校毕业的学生在毕业考编制时,首选大城市的重点中小学,城市取向的价值导向影响了乡村教师的身份认同和职业认同。目前,受国家对师范生毕业就业鼓励其选择乡村教育的影响,虽然有很多师范生选择毕业时去了乡村学校,但是在身份认同上,他们往往很多认为自己的乡村教师身份是暂时的,几年的服务期满,他们会有更好的机会选择回到大城市,或者在职业上有一定"更好"的发展,乡村教育是他们临时的加油站,并不是发自内心准备耕耘下去的长久之地。即便是受就业形势影响,愿意去乡村暂时"屈就"的师范毕业生也寥寥无几,没有考上心仪的学校的编制,他们很多宁愿先找一个培训机构,慢就业,来年再战,或考编考公考研。当然这与乡村教师所处的生活环境、待遇、晋升机会甚至婚恋问题都有很重要的关系,这些问题导致乡村教师缺乏乡村教育情怀和理想,缺乏必要的乡村教育情怀和理想,会影响到乡村教师长远的教育教学效果,进一步拉开乡村教育和城市的差距,进而影响城乡教育的平衡,导致某些方面和程度的不公平,对于乡村教育是不利的,对于振兴乡村也是不利的。

陶行知先生在当时整个中国所处的大环境和状态下,希冀通过教育来救国,教育救国首先是改造乡村教育,从而改造乡村社会,并为之脱下长袍与褂,住在牛棚,创办了晓庄试验乡村师范学校。后来证明,陶行知先生的晓庄试验乡村师范学校运行非常成功,是他事业上的第一个高峰,获得国内外无数赞誉,陶行知先生献身乡村教育的精神令人尊敬和崇拜,学习陶行知先生的事迹也可以鼓舞当下的师范生,投身乡村教育和乡村建设也大有可为,帮助他们树立作为乡村教师的自信和自豪。陶行知先生在晓庄试验乡村师范学校办学过程中,创立艺友制,艺友制教育由于其独特的培养方式,在拉近师范生与乡村的距离上效果显著,教师和学生无缝对接的教学实践使学生更加了解乡村,增进了师范生对乡村的了解和献身乡村教育的情怀。鉴于此,师范高校在师范生的培养过程中,注意潜移默化地影响他们的就业选择,树立他们毕业奉献乡村教育的理想信念,可以在高校师范生中多宣传乡村教育的先进典型人物,比如"全国最美乡村教师"张桂梅老师扎根乡村的感人事迹,有条件的学校也可以在学生中开展有关陶行知先生献身乡村教育的特殊教育实践和人生故事,相信伟大的人民教育家陶行知的故事对师范生有启发,鼓励他们去乡村,并真正留下来为乡村教育奋斗;再者,高校对师范生开设的就业指导教育课程中,要注意鼓励学生把自己的发展与国家的需要联系在一起,到国家需要的岗位和地区去工作,大力宣传特岗教师计划和西部计划等就业政策,鼓励他们投身乡村教育,习近平总书记在 2012 年 6 月 19 日来到清华大学调研考察时对毕业生代表说,希望他们"在报效祖国的过程中成长成才","要将自己的命运同国家民族的命运紧紧联系在一起"。

(二)提高乡村定向师范生培养质量,加强乡村学校作为培养乡村教师的主阵地作用

定向师范生是各地政府为了解决农村尤其是偏远艰苦地区义务教育阶段教师资源紧缺的现状而制定的由政府出资、专门为农村地区培养义务教育阶段师资力量的措施和政策。定向师范生,更全面的称呼是"三定向"培养农村小学教师政策。所谓的"三定向",指的是"定向招生、定向培养、定向就业"。以江苏省为例,乡村定向师范生的高考录取在提前批次,从 2022 年普通高校招生本科提前批次录取工作进展来看,乡村定向师范生的投档最低分、其对应的全省排名,普遍较去年有了明显提升,说明在乡村振兴背景下,国家出台的与乡村教师有关的政策已经深入人心。

定向师范生的生源质量明显提升,其培养质量也必须同时提上来,各个承担定向师范生招生和培养的大学,针对乡村定向师范生,应该有专门的人才培养方案,加强与各地区教育局的联系反馈,关心和追踪定向师范生的职业发展,不断调整乡村定向师范生的培养细节,适应当下乡村发展和乡村振兴的趋势,提高乡

村定向师范生的培养质量。区别于普通师范生的培养,定向师范生毕业面向乡村学校,而我国大部分师范院校对定向师范生的培养依然偏重理论环节,虽对学生进行一定的系统的职业训练,也会安排一定实践段的教育实习,但是在了解乡村社会、乡村生活方面严重缺少,或者没有,也没有乡村师生参与,缺乏真实的乡村教育实践,脱离乡村实际。陶行知先生为了扭转师范生"离农"倾向比较严重的问题,决心创办晓庄师范,培养目标第一条便是要求师范生具备"农夫的身手",在乡村办学,发明艺友制,学生向有一技之长的农人学习,乡村社会是培养乡村教师的重要阵地。当下,定向师范生的培养在实践环节,缺少或者没有与乡村社会和乡村教育真正接触,很多师范生依然是在城市里的学校教育实习,可想而知,其毕业以后直接到乡村学校教书时的生疏茫然,甚至在毕业时就在为以后脱离乡村谋划。因此,当今定向师范生的培养应该与乡村学校联系,学生实习的主战场在乡村学校,同时,师范高校和定向培养地之间加强合作,多创造使师范生融入乡村生活、了解乡村教育的机会,认真研究,这方面应该有很大的空间可以开发拓展,加大乡村教育实践环节的力度,为定向生日后履职做好准备。

(三)探索乡村学校新老教师亦师亦友的"艺友制"教师发展模式,互帮互学助力新教师快速成长

艺友制教育的经验告诉我们,在与指导老师的无缝对接的学习与交流之中,新手教师成长得非常快,因此对于从城市毕业的师范生新到乡村学校,乡村一线教师如果能与新教师形成艺友关系,不仅会帮助新教师更好更快地了解适应乡村学校和乡村教育,也能起到榜样的作用,给师范生精神上以鼓舞,潜移默化影响和培养他们为了乡村教育而努力工作奉献的责任感与使命感。

通过多举办乡村优秀教师之间互动交流、新老师向老教师请教问题的非正式的活动和讨论,可以为新教师提高素质和获得新的解决问题方式提供有效途径。乡村高质量教育体系的构建,首先要造就一支有理论素养、有教育敏感、有研究头脑、有教学能力的高质量的教师队伍。"艺友制"教师发展模式的主要特点是教师群体互帮互学、亦师亦友,促进自我发展,通过"艺友师表"制、"艺友读书"制、"艺友研讨"制和"艺友谈心"制,形成教师校本发展模式。可以通过备课组、教研组、教学科研中心三级教研体系的构建,开展读书沙龙、研评课、艺友论坛、学科融合教研等活动,普及科学教育理论,传递教育教学最新信息等。为发挥"友型之师"的示范和辐射作用,增进教师间相互学习,形成"高友出高友"教师专业发展特色之路,以促进教师特别是新教师专业成长,提升乡村学校整体师资水平,提高乡村学校课堂教学质量。

  陶行知认为,"师范教育的功用是培养教师","凡用朋友之道教人学做教师",就是"艺友制师范教育"。陶行知认为当时师范教育培养不出有水平、有能力的教育人才。民国时期乡村师范教育为师范教育改革提供了本土化中国方案,需要进行系统化研究,为当下加强乡村教师本土化培养提供历史镜鉴。陶行知先生作为杜威博士最有创造力的学生,他大胆创新性地提出艺友制教育这一发明,对于当代乡村教育仍具有积极的意义和价值,让我们在学习改革中赋予艺友制新的价值和内容以及方法途径,在新的时代让其继续发光发热,焕发新的生命力。

第五章 陶行知乡村教师功能重构与乡村社会改造路径

封建帝国时代"天地君亲师",古代教师以"圣贤"的学问及人格修养为标准严格要求自己,并以此砥砺学生的德行,成就了中国古代德行高洁的君子人格,为后继者的人格修养树立了典范。

教师在中国文化和道德谱系中具有神圣化象征意义。近代以来,随着新教育的推行,私塾以及私塾教师的消失,乡村教师的社会功能逐渐萎缩,游离于乡村社会边缘之外,面临着身份嬗变,从文化人逐渐走向专业人。陶行知重视塑造乡村教师的社会功能,从根本上改造并打通融合乡村教师和地方社会的关系,从而实现对乡村社会的彻底改造。

第一节 民国乡村教师的身份困境及其功能缺失

国民政府时期,乡村教师身份文化错位困境主要表现在儒家文化的衰微与西洋文化入侵带来乡村教师思想分化、困惑和彷徨,加上民族危机外在因素影响,文化价值基本处于虚无状态。民国中小学教师职业精神式微,除了经济窘迫影响之外,更有深层的文化危机,中西文化冲突带来的价值张力使民国中小学乡村教师处于价值迷离状态。

近代以来通达乡土人情的塾师在乡村社会文化中,占据重要地位,他们适合百姓的日常需要,在村民中赢得信任和尊重;政府举办"洋学"将乡村的生活礼俗斥责为"迷信",而"洋学"教师又不懂得乡村人情,得不到村民的同情。这首先需要对"中国建设新学制的历史"有所了解。陶行知对此做了深入探讨:"一切制度都是时势之产物,学校制度,亦不违反这原则。时势如此,学制不得不如此;时势如彼,学制不得不如彼。时势变迁,那应时势需求而来的学制亦不得不变迁;时势未到,招之不能来;时势已去,挽之不能留;时势继续的变,学制亦继续的变。"

其一,外国学校制度的影响。"中国自道光、咸丰以来,与外人交接,总是失败。自己之弱点,逐渐揭破;外人之优点,逐渐发见。再进而推求己之所以弱,和人之所以强。见人以外交强,故设同文馆;见人以海军强,故设水师、船政学堂;见人以制造强,故设机器学堂;见人以陆军强,故设武备学堂;见人以科学强,故设实学馆。同治以后,甲午以前的学堂,几乎全是这一类的。这时各学堂,受泰西的影响最大,大都偏重西文西语,专务抄袭西国学堂的形式。甲午战败之后,大家以兴学为急务。此时热心兴学的人,对于从前之偏重西文,颇不满意,故'中学为体,西学为用'成为当时最有势力的反动。那时虽为日本打败,但却不佩服日本。孙家鼐说:'中国五千年来,圣神相继,政教昌明,决不能如日本之舍己芸人。'故看二十四年的学堂章程,日本教育的势力还未侵入。但日本之所以强,究竟不能不加以注意,渐渐的就有人到日本去考察。日本离中国近,仿效日本,也是一种自然的趋势。后来加以庚子失败的刺激,更觉得兴学为救国要图,不容稍缓。但拟订学制,自然要参考各国的成法。日本学制,因那时国情及文字关系,最易仿行,故光绪二十八年的学制图,特受日本学制的影响。张百熙的奏章,虽说他曾参考各国的学制,但除日本的外,他对于那时各国的学制所说的话,简直是没有根据。二十九年的学制,对于日本学制,更加抄得完备,虽修改七次,终少独立精神。民国颁布学制之前,曾开临时教育会议一次,对于日本的学制,也是仍旧随意抄袭。德国教育在中国学制上曾有两次的影响:一是宣统元年的中学文实分科,二是民国四年的预备学校和中学文实分科。中学文实分科,确是中学分科的先导;但预备学校根本上与国体不合,故不久即消灭。近年美国教育在中国很占势力。有好多教育的运动,都带了美国教育的色彩。这次新学制草案有好几处是表现美国教育的新趋势的。那最显见的是'六三三制'和'纵横活动'的办法。"

从国民教育和新文化的立场上,我们有理由指责村落文化的"愚昧""落后",私塾代表一种传统文化的产物,政府主导的西化教育在乡村遭遇挫败也反映了西方现代化理论的局限性,地方社会对西方现代性的反抗、调适、创新,表述了现代化进程的丰富多彩。乡村国民教育超地方社区的文化传统，代表一种新文化精神，算术、语文和地理等知识性和技术性学科成为教育的主要内容，"四书五经"和乡村中为人处世的生活知识在国民教育中被视为"迷信"和"落后"的传统，国民教育从物理空间和心理空间上逐渐与乡村社区隔离开来，与乡村日常活动产生隔膜。私塾教育是以乡村社区生活为本位的教育，与传统地方社区组织包括家族、村落等搭配缜密，代表一种乡村文化本位的产物。在老百姓眼里，"洋学"是政府创办的，百姓用不着管；私塾是老百姓自己的，政府也不应该管。私塾与学校之争不仅反映了中西文化的冲突，而且反映了政府与民众的对抗。

"洋学"与私塾之争，是 20 世纪初年中西文化冲突中一种普遍存在的社会现象。李景汉在河北定县调查时也发现废私塾与兴新学存在激烈的矛盾，如"当时人民顽固不化"，私塾不能废，学堂也难立。李建东考察兴和县教育历史发现，20世纪初年政府举办的新学，老百姓称洋学，不愿送子弟入学校读书，而是继续送子弟到私塾读书，教育局人员劝说父母让孩子们上"洋学堂"，但是入新学的儿童仍然寥寥无几，家长宁肯花钱让孩子上私塾，也不愿意让孩子们上这不交学费的"洋学堂"，政府一方面命令取缔私塾，另一方面经济上采取奖励措施，吸引学生到"新学"上学。乡村教育改革家设计众多改造乡村的教育实验，而在这些乡村建设启蒙方案中，核心问题是乡村教师。陶行知深刻揭露民国乡村教师社会功能缺陷："中国的乡村教师，多是书呆子；中国的乡村学校，多是书呆子制造厂——把好好的农民子女，继续不断的变为不事生产的废人。这种教育，倘不彻底改革，则旧的力量不能维持，新的力量不能产生，我们的民族，恐怕要日益贫弱，以至于灭亡。"[1]

首先，乡村教师心里要装着学生，装着农民，要努力使自己农民化，具有一颗"农民甘苦化的心"。1926 年陶行知满怀激情宣称，乡村学校做改造乡村生活的中心，以驱除农民痛苦为己任，向农民"烧心香"。亲近民众，以老百姓为先生，学习人民的语言，人民的情感，人民的美德。

陶行知比喻一个"乡下的先生"在破庙里教死书，"好比一只孤鸦"，教师要走向农民，背后是走向真实的社会，走向真实的民生与生活。在晓庄师范，陶行知

---

[1] 华中师范学院教育科学研究所：《陶行知全集》（第 2 卷），长沙：湖南教育出版社，1983 年，第117 页。

把老山改为"劳山",把晓庄师范的大礼堂题名为"犁宫",大门口写着"和马牛羊鸡犬豕做朋友,对稻粱菽麦黍稷下功夫"的对联,这些都体现了陶行知提倡的乡村教师要"农民化"的思想。

晏阳初乡村建设实验方案极力倡导乡村教师和知识分子与"村民一起劳动和生活",教师是现代教育与农村沟通的桥梁,晏阳初认为欲"化农民",须先"农民化",晏阳初要求乡村教师和知识分子抛下东洋、西洋眼镜,"都市眼镜换上一副农夫眼镜",要在农村中做学徒,彻底与农民打成一片,只有如此,才能深刻了解农民,懂得他们需要,才能实实在在进行乡村改造。不可轻视乡农,要从乡农的实际生活出发开展教育,要教乡农做人中人,不做人上人、人下人,要引发乡农自学,自强,自治和自助,培养他们"自己往上长的能力"。

其次,乡村教师要具有民主精神和科学意识。"小学教师应该是民主的酵母",他们要"使凡与他接触的人都发起酵来","小学教师必须拿着科学的火把引导儿童过渡"。倘若"不懂科学的人",那么他"不久便不能做好教师了",这是陶行知针对当时中国农村教育严重脱离农村现实生活需要的状况,提出"教育要与农业携手"。教育与农业携手,教师是关键。他认为乡村教师应该主动学习先进的农业科学知识,争做农村科技知识的普及者与推广员。具体地说,陶行知认为,首先在教师的培养上应注重培养教师实用的农业科学技术。他在晓庄强调教育要下乡,"知识必须给予农民"。陈礼江认为当教员不但需有基本的训练,如文化社会科学、自然科学、教育知识;并且也要有专业的训练,如各种乡村建设知识、技能和服务乡村的志愿。这一批苦干人才,若不设法培植,谈乡村教育自然是空话。

再次,乡村教师是乡村兴衰的领袖。梁漱溟乡村教育实验主张"政教合一"或"富政合一",并认为教师可以把群众凝聚起来,而成为事实上的领袖,《山东乡村建设研究院设立旨趣及办法概要》认为农村教师至少有两种伟大的作用:一是乡村的耳目。其容易感觉问题,亦有呼喊的工具——文字。二是乡村的喉舌。果真除得几分乡村人的愚昧,果真乡村人受到祸害能呼喊出来,中华民族前途便有了希望,乡村建设便成功了一半,而"较有能力的知识分子,其在乡间将有第三种作用,便是替乡间谋划一切建设事宜,好比为乡村添了脑筋"[1]。陶行知从乡

---

① 梁漱溟:《梁漱溟教育论著选》,北京:人民教育出版社,1994年。第251,24页。

村家庭兴衰、农村建设成败方面强调乡村教师的重要性。他认为"三家村"或"五家店"办起一所小学校,学生少则一二十人,多则一二百人,老百姓便不知不觉地把整个家运交给小学教员,小而言之,"全村之兴衰",大而言之,"全民族的命运都操在小学教员的手里"。

二十世纪以来,国家政权下沉与乡村教育国家化是同步的,乡村教育国家化在一定意义上也是乡村教育城市化。在城乡二元对立的社会结构下,将城市化的教育模式移植乡村,必然会造成与村落生活的种种不相适应。外向型的教育设置代表了城市化、国家化的色彩,这对于乡村生活中教育受众来说,更多的是来自"他者"世界中的强势价值预设。新教育兴起加大了城乡之间的文化差异,乡村中比较有能力、有才华的人都跑到城市去了。1933年国民党政府行政院农村复兴委员会在苏南农村调查,好不容易碰到一位中学生,以至于在调查日记中感慨:"我们跑过的乡村并不少",但"碰到中学生却是第一次"。人文荟萃的江南农村,教育凋敝尚且如此,更何况内地乡村。即便是现在,乡村教育与乡村社会相脱离的恶性循环依然存在,乡村中最优秀的人才、比较优秀的人才都通过学校的渠道流失了,有的进入小城镇,或进入到中、小城市,倘若能进入到北京、上海,再有机会出国,并在那里谋到一份工作,那更是天大的愿望,这"简直是整个家族的荣耀"。

乡村建设思潮成为二十世纪二三十年代重要的社会思潮之一,其属于由知识分子发动并参与的民间社会改造流派,由于各自的学识、思维方式、思考问题的角度等差异,形成了不同的拯救乡村危机的途径,形成了不同的派别,主要有:梁漱溟的乡村建设派,晏阳初的平民教育派,陶行知的乡村生活改造派,黄炎培的职教派。

近代以来,政府在乡村推行国民教育,取缔和打击私塾,乡村塾师被迫面临改良、检定乃至淘汰的困局,于是作为散落在乡野间的文化群体——塾师逐渐从乡土社会的滋养之中脱离开来,纳入政府统一的规划和监控之中,显示出乡村社会中的国家力量在场。

新式国民学校是政府主导的大规模现代化新政的一项重要内容,它在课程设计、教学内容上充分体现了国家意志和现代化企求,但却忽视了乡村日常生活的合理性,带有工业化痕迹的班级授课制和严格作息的课程表,经常与乡村社会经济活动发生冲突,这样乡村新式教育与农民的日常生活逐渐疏远和割裂。过去乡村中,秀才先生或书塾教师有极大的潜势力。他是一乡中的审判者,一乡中的号令者,一乡中的指挥者;他是一个乡中所"佩服"的人;假如这位秀才先生或乡塾教师,果真是道德高尚,则他的话即可成为号令。与塾师相比,乡村新式学校和小学教师多不被乡民信仰,文化活动能力极为有限。乡村新式教师扮演的角色是矛盾的,一方面,他必须应付乡村社区生活,否则得不到村民的同情和尊重;另一方面,国家提倡国民学校采纳新的教学方法,反对死记硬背、"注入式"的教学方式,考核和检定教员也要求老师加强教育教学素养,在教学中注重儿童的心理特点,但是村民对新式小学的教学方式产生怀疑。

学校、教师与乡村社区的隔膜和冲突,反映作为一个舶来品的现代学校在乡村生活陷入文化"失调"的困境。应该看到,民国以来,政府主导的新教育改革是建立一个强大的现代化民族—国家的理想企求,新教育将西方的现代性与地方传统完全对立起来,强制性地取缔和改造传统教育资源,却忽略了民间生活和传统延续的合理性,传统和现代性之间是一个连续的过程,试图推倒一切,重新再来,只会造成文化的断裂及其新旧之间剧烈的摩擦。

乡村教育改革与底层民众需求的严重疏离。乡村国民学校的成立是国家权力渗入乡村社区的重要标志。现代教育体制取代了传统的社区训练,使注重标准化知识的新型"雅文化"侵入乡村社区,排挤传统社区文化。乡村新式教育与地方社区的关系发生了变化。在传统乡土社会,人的社会再生产是社区性的面对面式的人际关系训练,到了"民族—国家"时代,全民教育和普遍性知识成长起来,并取代了社区性的社会再生产方式。

陶行知的乡村教育思想深受基督徒教育家孟禄的影响,孟禄强调要为推动中国的教育发展而牺牲奉献。这种精神后来成为陶行知一生社会改造实践的动力。陶行知在《中国的道德与宗教教育》一文中对中国大学的基督教教育提出了完整的意见。通过对中外道德与宗教的教育情况的比较,陶行知得出的道德与宗教教育的理论是:宗教和道德的教育具有相同的心理学基础、社会学基础和实用主义基础。从改造乡村社会的视角推出的"活教育"的概念,以谋求乡村社会全面的改造与建设,以图解决当时中国的乡村社会问题。

陶行知毕生从事教育事业,其主要致力解决的教育问题和社会问题都与乡村社会联系在一起。中国当时是农业社会,普及教育和大众教育以农民为主体,是和乡村社会联系在一起的。当时农村社会以异乎寻常的速度破败下去,整个乡村普遍处于凋敝之中,正如时人所言"村制大坏,于今益甚"。各县之官对待村长照旧庇护,不加严惩,则必大失民心,而于国家之危安大有关系也,此为当时之大弊政。

第二节 陶行知乡村教师思想与乡村教师功能重构

二十世纪初陶行知对中国的乡村教育和乡村教师的培养有一系列卓有成效的实践和改革,值得我们学习和借鉴。

民国初期,社会动荡不安,人民生活在水深火热之中,当时教育界的有识之士,力图通过教育改变这种现状,乡村教育成为大家关注并亟须改革的重要部分。教育家陶行知在不断的教育实践中发现旧的师范教育之不足,如旧师范教育呈现城市化、离农化、外国化等倾向,他早年曾留学美国,师承杜威、孟禄等美国教育家,受实用主义教育思想影响深远。回国后,结合当时旧中国农村积贫积弱的现状,在批判继承西方教育思想的基础上,融合中国本土文化传统和文化资源对近代师范教育进行了创造性的改革,提出生活教育思想,在创办晓庄师范学校的实践中形成极具代表性的乡村教师培养思想,走出了一条符合中国特色的教育之路。

(一)对传统教师观批判与新乡村教师观塑造

《韩诗外传》认为做人师,必须具备这样的条件——"智如泉涌",就是教师的智慧要像泉水一样喷涌而出;"行可以为表仪",就是教师的思想言行能够做别人的榜样,然而韩愈认为师者,即"传道授业解惑"。

1. 传统乡村教师观

韩愈在《师说》对教有过定义,千百年来,传统的教师观认为教师的职责在于"代圣人立言","爱其子,择师而教之",有一定经济条件的家庭在给孩子选择老师时非常慎重,希望通过老师的教育顺利走上科举这条路。在这种传统思想的影响下,教师的功能主要表现为社会政治伦理功能和教化功能。教师的话语代表了不可反驳的权威和真理,乡村教师的教学内容是与乡村生活无关的圣人诗书,代表的是精英文化,乡村里可以读私塾的人屈指可数,大部分家境不好的农村学生几无读书机会。当时处在新旧文化的冲突之中,乡村教师作为精英文化的代表,关于乡民的愚昧落后思想,他们又有着孤傲的一面,不屑于与乡民争辩,总之,作为精英文化的传播者,当时的乡村所教内容脱离乡村实际生活,要挽救中国广大的乡村,乡村教育的变革势在必行。

2.陶行知对传统乡村教师的批判

近代中国国情复杂,挽救乡村对于中国未来发展极其重要,陶先生认为只有通过教育才能救国。在参与"平民教育运动"、1921年孟禄中国教育调研以及中华教育改进社等调研后,其深感旧师范学校之不足,基于对乡村教育弊端的深恶痛绝,陶先生指出:当时乡村教师给儿童的唯一东西是书本知识,从不在意农人需要,这种教育会加速农村社会凋敝。由于原来的师范学校培养的师范生"饱尝城市幸福的滋味,并未能应济乡村的特别需求",所以陶行知认识到彻底改变乡村教师和乡村教育,必须从改造旧的乡村师范教育和建设全新意义上的乡村师范教育入手。陶行知认为,首先,我们的教育目标应该是"大众化","教育的主要目的,也并不在教人识字读书——固然识字原是重要的手段——而是在教人,在行动中解决他自身与他所属的社会的困难";其次,陶行知所倡导的乡村教师作为社会民主的促进者,强调了教师作为政治人角色中独立性的意义,要求乡村教师每到一个地方,都应开民主之先河;最后,遵循陶行知先生的教育思想,乡村教育的出路是形成适合乡村生活的教育,教育要从乡村实际生活中来。

3.陶行知新乡村教师观塑造

陶行知在南高师主持教务期间,屡有创新,建树甚多,誉满海内。他积极改良教育学科,倡导教育要科学化,提倡教师要做"创造的教育家",要实行科学教育,反对"沿用旧法"且"仪型外国";提倡教师要做"创造的科学家",敢于探索未发现的新理,开拓未开发的边疆。他提出教育的理论应植根于自然科学,并把教育学的研究成果,广泛地运用到实践中去。他把科学知识列为教育科的必修课,把基础课放在十分重要的位置,使学生既有宽厚的基础知识,又有系列专门知识,利于教师的深造、学科的发展和学生的成才,实现了教育学科的整体改革。改革教授法,倡导教学合一。[①] 这一阶段陶行知基本是按照美国所学进行教育改革,当进行平民教育运动,参与更多的教育实践之后,陶行知深知中国的根本

---

① 张雪蓉:《陶行知早期高等教育改革实践活动述析(1917—1922)》,《南京邮电大学学报》(社会科学版),2009年第2期,第67-68页。

问题在乡村,而改造中国乡村的核心队伍是乡村教师。1926年前后他开始积极转向乡村师范教育,1927年创办了南京晓庄乡村师范学校,陶行知以创建晓庄试验乡村师范为起点,希冀通过改造教育以改造社会,从而实现其教育救国的梦想。

陶行知扎根本土,融会中西,在晓庄乡村试验师范学校,提出了符合当时中国特色的新的乡村教师观,他认为新的乡村教师不是教人死读书的,也不仅仅是教人认字,最重要的是通过独具特色的乡村教育进而担负起改造乡村的重任,这是以往从来没有人会给予乡村教师的任务和希望,新的乡村教师观把乡村教师的社会功能提高到了前所未有的高度,当然,这是在特定的社会历史背景下产生的,适合当时中国乡村教育的新的教师观。在培养新的乡村教师的教育目标里,陶行知提出了五个要求,要求学生要有"农夫的身手,科学的头脑,改造社会的精神,健康的体魄,艺术的兴趣",五育并举,倡导学生德智体美劳全面发展,贯彻生活教育理念,反对死读书、灌输式教学。陶行知的新型乡村教师观在当时中国轰动一时,所创办的晓庄乡村师范学校,美国教育家也给出了极高的评价。

(二)本土化——陶行知乡村教师思想的逻辑起点

陶行知乡村教师培养的逻辑起点是本土化,融入乡土,通过围绕乡村生活而培养乡村教育所需的人才,从而搭建起师范教育和乡村教育需求的培养立交桥。

1.从照搬模仿到本土化

陶行知毕业于美国哥伦比亚大学,受杜威实用主义教育哲学的熏陶,陶行知回国且实现教育救国的重要理念支撑便是杜威的实用主义理论。陶行知回国之后在南高师任教,出任教授和教务主任期间,出于对当时高等教育现状的不满,陶行知做了一系列教学管理改革,比如倡导男女同校,把教授法改为教学法,学生自治,暑期学校等,这些改革使中国高等教育经历了一场伟大的转型。1923年,陶行知离开大学投入到社会教育的洪流,此时他发现杜威学说不能完全适用于中国的现实,"杜威理论是对传统教育进行批判的有力武器。但是一旦抱着解决被排斥在公立学校之外的农民及其子弟的问题时,先生的理论又不能原封不动地适用于实践。这就使教育即生活,学校及社会恰好倒过来,形成自己的生活教育理论的根据。"[①]陶行知在教育实践中发现,中国的现实是社会击垮了学校,

---

① 周洪宇:《陶行知研究在海外》,北京:人民教育出版社,1991年,第282页。

根本做不到"学校即社会",当时的国情是民不聊生军阀混战,教员的工资发不出,学校的生存都是问题。他认为,真正的教育是"以生活为中心",它是"生活所原有、生活所自营、生活所必须的教育"[①]。陶行知生活教育理论,是他在借鉴杜威实用主义的影响下,或者某种程度想要照搬,却被现实无情打脸,追求中国化、本土化和民族化的成果。这也体现了陶行知先生追求真理的精神,这种民族化本土化的探索,使中国的教育以及乡村教育和实践都获得了长足的进步。

2.陶行知乡村教师思想本土化特质

陶行知先生在乡村教师培养上的目标理念,具有马克思主义具体问题具体分析的价值观和方法论,"千教万教教人求真",老师千教万教都是教人追求真理,而"千学万学学做真人",要求学生千学万学是学做品行端正的人。陶行知虽然在美国看到了学到了先进的经验,但是实事求是的原则让他不再照搬美国的经验,怎样才能真正地改变乡村进而救中国是他毕生的理想和追求,人生理应"为一大事来,做一大事去",怀着中国传统知识分子的家国天下的伟大抱负,他认识到必须本土化才能给乡村教育带去实质的作用,"晓庄是从爱里产生的,没有爱便没有晓庄",晓庄乡村师范学校的教育思想和实践充分体现了其乡村教师思想本土化的特质,具体可以从以下几点来看:

第一,人才培养以乡村教育需求为出发点。1922年陶行知在《新学制与师范教育》一文中指出,乡村教育需求什么人才就培养什么人才,由此决定乡村师范教育要以乡村教育需求的人才为培养目标,而不是培养一般意义上的普通教师。当时师范学校都建在城里,具有离农化和城市化培养倾向,未能考虑乡村社会的实际现状和需求,当时的乡村教育在某种程度上不仅不能促进乡村发展甚至阻碍了乡村的发展,使乡村变得更加落后,乡村教育已经到了非改不可的地步。

第二,加强实践体验融入乡村生活。由于知识分子自身的问题,他们对农民缺乏深入的理解,更多的是表面的同情,在晓庄乡村师范学校,陶行知带领晓庄师生,与农民打成一片,他自己脱下洋装,住进牛棚,到民间去,与农民亲近,以促进师范生与农民建立亲密联系。陶行知对晓庄学生的教育要求里第一条就是要求学生具备"农夫的身手",鼓励学生主动向附近的乡农学习盖房子、做饭菜等,

---

① 陶行知:《陶行知教育文选》,北京:教育科学出版社,1981年,第164,111页。

教学做是一件事而不是三件事,事怎样做便怎样学,怎样学便怎样教。教而不做,不能算是教;学而不做,不能算是学。教与学都以"做"为中心。

第三,培养有志于投身乡村教育的师资。招收优秀且有志的乡土生源,融入乡土的教育教学实践培养方法以及鼓励毕业生投入乡村办学任教等。晓庄学校招生细则上说明招收"愿与农民同甘共苦,有志增进农民生产力、发展农民自治力",以及"有志兴办乡村小学"的考生,学校优先招收有乡土背景的生源;鼓励学生将生活与教育相结合,借助"艺友制",将乡村有一技之长的人聘请为乡村师范的指导教师,让学生在生活中受到教育和成长。[①]

(三)活的乡村教师——陶行知乡村教师思想发展主线

1. 从静态的乡村教师演进到活的乡村教师

陶行知早就树立教育救国的思想,其人学贯中西,知识渊博,在学习了西方的教育理论之后,基于对中国乡村和乡村教育的弊端的深刻了解,他知道救中国必须从改变乡村入手,改变乡村的核心问题是改变乡村师范教育,培养适合乡村的乡村教师队伍。

旧的乡村教育是静态的,教育的过程是静态的,教师在教室里完成教学任务,脱离农村实际,缺乏实践、活力以及生命力,没有深入乡村实际,乡村教育和实际的乡村生活是两张皮,不注意"农人的需要",这种教育会使农村变差,使农民变得更加愚蠢麻木,乡村落后的现实令无数有志之士、进步人士痛心疾首,呼吁改变农村教育现状成为很多教育界人士的共识,其中,陶行知的乡村教师思想独树一帜,并在实践中创办了师范培训学校,在中外引起注意和轰动,成为近代社会乡村教育改革的一面闪亮的旗帜。陶行知认为,乡村师范教育与改造乡村社会是一体的,师范教育应该承担改造社会的使命。陶行知乡村教师培养以具有生活力的乡村师资为总目标,乡村师范学校以乡村生活为中心,进而逐步扩展到同心圆外围的中心学校和师范学校,最终打破了旧师范教育与乡土生活的隔离,师范学校培养的师范生必须有生活力,比如征服自然改造社会等能力。[②] 乡村学校应当成为"改造乡村生活的中心",陶行知认为,乡村师范学校"负有训练学生改造眼前乡村生活的使命",否则那些"不能训练学生改造眼前的乡村生活

---

① 李锋,史东芳:《陶行知乡村教师本土化培养思想及现实价值》,《教育学术月刊》,2020年第2期,第3-9页。

② 同上。

决不是真正的乡村师范学校"。不是真正的乡村师范学校也不可能产生活的乡村教师,在具体的办学实践中,怎样摒弃原来的师范教育,使乡村师范焕发生命力,培养出有活力可以带领乡村改变的领袖人物是他最先要考虑和始终坚持的原则。

2.活的乡村教育呼唤活的乡村教师——乡村教师发展主线

既然乡村教师的使命如此重要,意义非凡,陶行知对乡村教师寄予厚望和极高的赞美,认为他们是"乡村人民儿童敬爱的导师",是"乡村领袖"。同时陶行知对乡村教师也提出了要求,这个要求是他乡村教师思想发展的主线,那就是要培养"活的乡村教师",一是要有农夫的身手,二是要有科学的头脑,三是要有改造社会的精神。

一个活的乡村教师具有强大的活力,带给乡村极大的活力和改变,比如使学校气象生动,使社会信仰教育,使科学农业著效……"十年能使荒山成林,废人生利。"[①]活的教师打破旧师范教育与传统农村生活的脱离状态,活的教师是具有生活力的教师,具有征服自然、改造社会的能力,以乡村生活为中心,乡村师范学校要以培养具有生活力的乡村教师为总目标。培养乡村教师的途径就是陶行知终生倡导的"教学做合一"的方法,就是教的法子根据学的法子,学的法子根据做的法子,例如学习农事就要以农民为师,在农田里学习,而不是在教室里。

(四)陶行知乡村教师思想的价值取向

中国传统的公共性是与个体性、私人性相对而言的,它是在社会的各种关联中产生的公共产品的外溢属性,是对个体性、私人性的超越,是超越个体利益的家国情怀,它是从公共立场和公共利益出发,在介入公共事务中维护、巩固共有精神和观念的价值取向。[②]

1.回归公共性——陶行知乡村教师的价值取向

(1)从专业性到回归公共性——乡村教师发展的价值取向

教育不仅仅是专业知识技能的教育,更是情感和情怀的教育。乡土情怀是乡村教师的情感基础,也是他们公共性的基础,缺乏乡土情怀,公共性便没有了

---

① 陶行知:《陶行知全集》(第2卷),成都:四川教育出版社,2005年,第275页。
② 黄俊官:《乡村教师公共性的旁落与重构》,《教育评论》,2021年第1期,第133-135页。

依托。传统的乡村教师的主要功能是教化功能,具体表现为传授精英以知识,主要表现为专业知识技能的教育,充其量就是贩卖知识,不具有创造性。在乡村教师师资的培养过程中,去乡村化情结使乡村教师失去了与乡村内在的情感联系,乡村通常只是他们的权宜之计、工作的跳板,大部分人没有扎根乡村的意识,离开乡村到大城市是乡村教师追求的目标。有西方哲学家认为,公共知识分子就应该从专业出发,积极介入社会事务。陶行知先生一生都在致力于改造中国落后的乡村教育,先生尖锐地批评中国的乡村教师脱离乡村实际生活需求,乡村的教员也无法融入真正的乡村生活,他们多半在城市里上学,来到乡村,对真正的乡村社会十分陌生。

改造社会是陶行知乡村教师培养的主要宗旨和目标,陶行知希望乡村教师成为改造乡村生活的灵魂,体现了其乡村教师价值取向,可以理解为要求乡村教师具有强烈的公共情怀,所以乡村教师要从乡村的公共立场和公共利益出发,了解乡村,从乡村实际出发去学习和教学,乡村教师先把自己变成农人,亲近乡土,培养乡村情怀,对农业科学感兴趣,并指出评判乡村教育好坏的标准在于能否让村中人人自食其力。

(2)陶行知乡村教师公共性表征

中国古代知识分子大多具有浓郁的公共情怀,修身齐家治国平天下,以能为国家、人民作贡献为荣,陶行知自身是具有很强的公共情怀和伟大抱负的人,他这样的情怀和抱负也强烈体现在他对乡村教师的价值取向之中,乡村教师是他改造中国旧社会贫穷落后现状的核心抓手,他对乡村教师寄予厚望,好的乡村学校,就是改造乡村社会的中心,乡村教师要扎根于乡村,乡土情怀是乡村教师发挥公共性的前提,而陶行知把有"农夫的身手"放在对乡村师范生必须具有的三个条件中的第一条,这也体现了其对乡村教师乡村公共情怀培养的重视。

陶行知乡村教师公共性表征体现在以下几点:一是与乡村融为一体的精神理念,陶行知先生要培养的乡村师范生,首先在生源选择上,就强烈体现了乡村的重要性。在1927年的晓庄乡村师范学校招生广告中,培养目标第一条就是要有"农夫的身手",第一个考试科目是"农夫或木工操作一日",其校学习条件前两条为"(一)田园200亩备耕;(二)荒山十里",投考资格为"有农事或木工经验;及在职教师有相当程度,并愿与农民共甘苦,有志增进农民生产力,发展农民自治力者,皆可投考",以上招生广告可以看出,如果你没有投身乡村的精神,你是不可能被录取的,即便录取也坚持不下来,因为学校的生活和学习的过程就是一个变成农人及与农村融为一体的过程;二是全方位参与乡村建设,晓庄乡村师范学校有田园200亩及荒山十里,这些学习的条件决定了陶行知所培养的乡村师范生全方位参与农村建设,不仅仅是要有科学的头脑推广农业,还要开荒种地,参与农村事务,从乡村的核心公共利益出发去工作;三是担负改造乡村的灵魂之重责,陶行知先生希望乡村教师"愿与农民同甘共苦",成为一个活的乡村教师,立足乡村生活,把贫穷落后愚昧的乡村改造成活的乡村,有知识有文化有科技有民主思想的农村,要乡村变成"西天乐园"。①

2.重塑责任伦理——陶行知乡村教师价值旨归

最先提出"责任伦理"的是德国思想家马克斯·韦伯,"责任伦理学"的发展兴起则主要来自德国学者汉斯·约纳斯出版的《责任伦理·技术文明时代的伦理学探索》一书。所谓"责任伦理",是指社会生活中的每一位公民,首先明确自己的社会身份、角色等,进而对自己的行为有着清晰的预见,能有效地判定行为与行为效果之间的关联,并能自觉地承担责任。陶行知创办乡村师范学校之时,区别以往师范教育,对乡村教师的责任进行了清晰准确的表述,重塑乡村教师的责任伦理,明确责任伦理能让乡村师范生对自己的权利、义务、责任有更深入的考量,责任伦理要求我们在做任何一项决策或行动时,都必须充分地、审慎地考虑此项决策或行动可能引发的结果,从而在行动上更有自觉性、主动性和使命感。

(1)陶行知乡村教师责任伦理体现在观念层面。首先,在乡村师范生的招生资格上,在晓庄师范的招生广告上,陶行知良言相劝,诸如"小名士""书呆子""文凭迷",最好就不要来此求学了,以成就自我为中心缺乏公益心的人晓庄不欢迎;考试科目有"农夫或木工操作一日",试问一个在实际生活中与农民距离很远的人怎么可能被录取呢?其次,缺乏乡村教师责任感的人不要来,他认为,"我们教育同志,应当有一个总反省、总忏悔、总自新"②,不能局限于小我小家的视野和天地,眼里应该是国家民族的振兴,教育的发展,乡村师范生要认真反思并认识

---

① 陶行知:《陶行知全集》(第2卷),成都:四川教育出版社,2005年,第278页。
② 华中师范学院教育科学研究所:《陶行知全集》(第1卷),长沙:湖南教育出版社,1984年,第654页。

到自己的责任所在,否则就不要来报名,报了也不欢迎。责任伦理是一种自觉的意识,内化于心才能在行动中体现,如果缺乏农村情怀和为乡村公益奉献的理念,来了也不会被录取,晓庄乡村师范学校在生源录取的源头把乡村师范生的责任和未来的使命明确化,让其自行斟酌选择,使得所有报考的学生内在重塑了一遍乡村师范生未来的教育责任和社会责任,必须发自内心,心无旁骛,一往无前去完成这项为了改变乡村、改变国家命运的任务。最后,陶行知乡村教师的责任伦理体现在对师范生的培养目标上,乡村师范生要有改造社会的精神,不仅要有农村情怀,愿意为中国的乡村教育事业努力,还在培养目标上明确提出要求,他们不仅要有科学头脑,还要与农民做朋友,每一个被培养的乡村师范生在培养的过程中,要以能完成这个目标为要求去学习、锻炼提高自身社会改造能力,提早认识社会,学会拿好的社会引导坏的社会,进一步塑造乡村师范生的责任感。

(2)陶行知乡村教师责任伦理体现在行动层面。首先在生活教育理念的指导下,教学做合一,师范生要意识到肩上的责任,那就是改变农村,将农村与科技结合,改变农村的陋习、愚昧的思想。

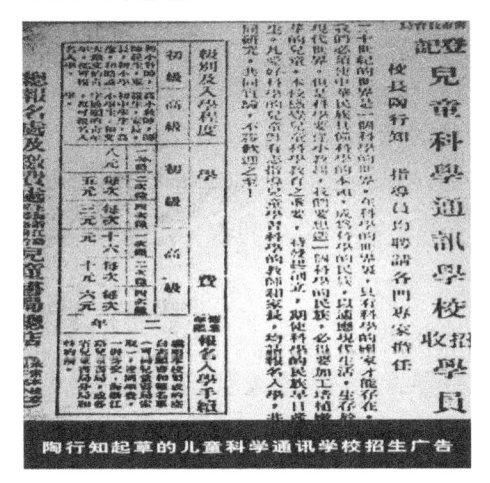

陶行知起草的儿童科学通讯学校招生广告

振兴农村是乡村教师的责任所在,农村振兴了,国家就会获得新生。陶行知在《中国乡村教育之根本改造》一文中提到,"我们深信如果全国教师对儿童教育都有'鞠躬尽瘁,死而后已'的决心,必能为我们民族创造一个伟大的新生命"[①],他要求教师必须有一颗与农民同甘共苦的心,在那样兵荒马乱、生活贫困的年代

---

① 华中师范学院教育科学研究所:《陶行知全集》(第1卷),长沙:湖南教育出版社,1983年,第655页。

里,乡村教师要有"教乡村变为西天乐园,村民都变为快乐的活神仙"[①]的能力与责任。陶行知对乡村教师提出的要求和当时的社会现实息息相关,倡导乡村教师"深信教育是国家万年根本大计",具有无私坦荡的胸襟和气度,事实证明,晓庄乡村师范学校确实为国家培养了很多致力于改造农村的优秀教师。

(五)陶行知乡村教师社会功能定位与改造

1.陶行知乡村教师社会功能重构

科举没有废除之前,乡村教师一度就是村里的私塾先生,私塾先生一般来自科举落第的秀才,私塾先生的主要功能是启蒙,但古人非常看重并会以严格的标准选择私塾先生,"天地君亲师",表达了古代人对私塾先生的敬重。

(1)陶行知乡村教师社会功能定位

私塾先生的待遇主要由脩金(或等值的实物,别称"束脩")构成,此外,还有膳食(即学生提供吃住)及节假日的红包或礼物等。由于施教模式、私塾先生的学养及声望、学生家境及态度等不同,私塾先生所获得的收入也存在很大差异,在贫穷落后的乡村,私塾先生的经济也并不宽裕。民国初期乡村教师队伍由于受社会外部环境的影响,社会角色集中在传达普适的、抽象的、理论的知识上,然而乡村社会实践则是具体的、情境的、实践的工作,但是彼时的乡村教师并没有真正面对乡村生活,依然是表面上的知识的传授者、搬运工。

陶行知在其金陵大学的毕业论文《共和精义》中已经表达了教育救国的思想。陶行知认为共和之要素有二:一曰教育;二曰生计。而留学归国之际他有三个愿望,第一个就是创办乡村师范学校,1927年陶行知在南京创办晓庄乡村师范学校,由于其新颖独特的教学方法和改造旧社会乡村的目的,一经创办便引起社会瞩目,蔡元培、陈鹤琴、冯玉祥、梁漱溟、蒋梦麟等人纷纷前来学习研究晓庄模式,美国哥伦比亚大学教授克伯屈无论到任何地方,都要宣传中国的晓庄,把这样一个试验学校的理想和设施加以宣传,使全世界人民知道,并且说晓庄是"教育革命的策源地"。晓庄受到如此褒奖和重视,最重要的原因是陶行知的乡村师范学校的培养理念、方法和目标与以往不同。他要培养的乡村教师,不是主要负责启蒙学童认字的古代私塾先生,以养家糊口作为基本目标,而是要求他们成为"活的教师",是"改造乡村的灵魂",陶行知要培养的乡村教师要劳心又劳

---

① 陶行知:《陶行知全集》(第2卷),成都:四川教育出版社,2005年,第279页。

力,并成为对乡村教育乃至乡村振兴有用的人,这充分体现了陶行知特别强调乡村教师的社会功能,把乡村教师誉为"乡村人民儿童所敬爱的导师"以及"改造乡村生活之灵魂"[1],由此可见,陶行知对乡村教师的社会功能的定位是可以推动乡村变革的领袖教师,是具有强烈家国情怀、无私奉献精神的活的乡村领袖,乡村教师通过乡村教育改造乡村生活。乡村教师要有拯救乡村的责任感和能力,不是书呆子,不仅有学识,还要具备很强的执行力,需要自身与农人打成一片,向农人学习,作为乡村教师,具备农人不具备的科学头脑,将教育与农业结合起来,将乡村学校办成科学种田、科学技术推广中心。陶行知对乡村教师的社会功能的定位,跟当时教师的功能比,对其社会功能的要求是相当高了,当然这与当时整个中国乡村破败凋敝的时代背景有关,陶行知是放弃高官厚禄、抱着教育救国的一腔热血来培养乡村师范教师的。

(2)陶行知乡村教师社会功能重构路径

经过回国之后的一系列教育实践和反思,1927 年 6 月 15 日,在晓庄演讲中,陶行知提出"生活教育"的理念,可以说生活教育理念是陶行知培养乡村师范教师教育的行动指南,其乡村教师社会功能重构有三个路径:第一,"生活即教育"理念运用于实际教学,"是生活便是教育,是好生活便是好教育,是坏生活便是坏教育",生活即教育的理念在晓庄学校的教育实践中体现得非常明显。曾任陶行知助手的杨效春记录下了生活教育场景:"我们师生的饮食是同席的,寝室是同室的,工作是同场的……我们亦常向农人学插秧,向漆匠学油漆,向木工学制造,向瓦匠学做坯,向牧童樵女学田歌,而农人、漆工、木匠、瓦匠亦可向我们有所学。"[2]通过这些教育,师范生融入农村生活,为他们扎根乡村、参与公共公益事务培养了建设乡村不可或缺的乡村情怀。教学做合一是其培养乡村教师的根本教学方式。要在做上教,在做上学,教学做是一件事。第二,乡村教师培养的课程以乡村生活为中心。陶行知认为,一切课程皆生活,一切生活都是课程,牛羊鸡犬和稻粱菽麦都可以向之学习,不是以教材文本为中心开展教学,从而最大限度地保证了课程中乡土生活的地位和比例。具体表现在课程中首先要以农事活动为中心,按照农事活动设置相应的教师培养课程,再者,学校开设了戏剧、园

---

[1] 陶行知:《中华教育改进社设立试验乡村师范学校第一院简章草案》,《新教育评论》,1926 年第 3 期,第 14 页。

[2] 杨效春:《行将一岁的南京试验乡村师范》,《中华教育界》,1928 年第 17 卷第 5 期,第 1—20 页。

艺、村治和童子军等课程,培育师范生适应乡村、改造乡村和驾驭乡村生活的能力,总之,乡村教师培养课程开发的来源根脉在乡土。第三,乡村师资培养过程以乡村需要为导向。乡村需要什么样的师资,陶行知先生以此为导向,充分考虑到人才与实际需求的供需关系,毕竟在他所处的时代环境资源有限、不容浪费,时间紧迫,挽救改造乡村以及中国的使命感强烈且时间有限,他在最大程度和最大限度内为乡村培养最合理有用的师资,乡村的实际需求是陶行知办乡村师范教育的逻辑起点和终点,在乡村建设时期培养改造乡村的复合型师资和多样型师资(如行政人员、指导员等)以及在抗战时期培养解放民族的大众视野,并由此调整和制定了多元化的师资培养结构,避免了师资不合用的供需错搭现象。[1]第四,培养乡村教师劳心上劳力,乡民在劳力上劳心。传统的乡村教师并没有参与乡村的实际建设,他们是知识分子,是劳心之人不劳力,成了"书呆子",农民是劳力之人不劳心,成了"田呆子",陶行知先生认为,中国因为有了"书呆子"和"田呆子",所以形成了一个"呆子"国家,他认为当时中国的教育只有两条路线可以走得通:"一教劳心者劳力,二教劳力者劳心",所以要教农人劳力且学会劳心,不再是"田呆子"。通过以上路径,改变村民陈旧的思想观念和乡村封建落后的状态,传播新思想新文化,乡村教师才能实现对乡村的教育改造,实现乡村教师的社会功能。在晓庄师范的引领下,陶行知及其学生相继在浙江、广东、河南、河北等地开办了类似于晓庄试验学校模式的师范学校,为中国培养出了一批乡村师范教师。

2.陶行知乡村教师思想与乡村改造

(1)乡村改造是陶行知乡村教师思想之核心

"教育是生活的改造"。陶行知办教育的目的是救国,救国的切入点是通过一个个的乡村教育来改造蒙昧落后的乡村现状,所以他回国的第一个愿望就是办乡村师范学校,培养可以承担改造乡村的任务的乡村师范生,陶先生培养的乡村师范生与一般意义上的乡村师范生不一样,师范生的专业技能不是最重要的,其社会功能高度突出,乡村教师的核心任务和目标是能够改造整个乡村的面貌,包括乡村人最基本的文化认知、精神面貌以及科学务农的水平、民主的意识等

---

[1] 李锋,史东芳:《陶行知乡村教师本土化培养思想及现实价值》,《教育学术月刊》,2020年第2期,第3-9页。

等。陶行知在《目前中国教育的两条路线》中指出,当时中国的教育有两条路线:一是教劳心者劳力,指的是让读书人做工;第二条就是教劳力者劳心,教做工的人读书。① 改造社会是陶行知乡村师范教育的主要目的,该思想源自陶行知"社会即学校"的思想,"学校办的得法便是改造社会,办学和改造社会是一件事,不是两件事"②。该思想主要体现在:一是本着教育为公的原则,确立了晓庄师范学校"教民造福、教民均富、教民用富、教民知富、教民拿民权以遂民生而保民族"的办学原则③,二是培养师范生改造社会的能力,如做账房先生、会开茶馆、会做和事佬等二十一项改造社会技能④。进村办校付诸实际教育改造行动,将师范生分成若干队伍,分头进入乡村,要他们创办民众学校和小学,通过与农民结成朋友关系,让他们亲近农村社会,了解农村社会。⑤ 三是提出了具体的愿景落实目标,比如一年能使学校气象生动,二年能使社会信仰教育,三年能使科学农业显著等。⑥ 因此,乡村改造是陶行知乡村教师思想之核心,首先培养改造乡村师范生,产生活的乡村教师,然后通过活的乡村教师改造乡村,使农人不仅只会劳力,不再是"田呆子",农人劳力劳心,能够自食其力,产生活的乡村教育,进而乡村焕发生机和活力,乡村成为活的乡村。

(2)陶行知探索实践乡村教师与乡村改造良性发展

陶行知通过创办乡村师范学校,培养知行合一的、推动乡村社会变革的领袖教师。晓庄师范推动了中国近代乡村师范教育制度的建立,进而在更大范围内,影响着中国近代乡村改造和建设。一方面,陶行知在乡村师范教师的培养过程中,摸索出一套行之有效的乡村生活教育实践。另一方面,避免旧师范教育与乡村生活脱离现象的发生,探索出了具有乡村文化性的教师培养课程,理论与实践相结合,使得乡村教师的培养更有乡村性、实用性和针对性。比如,艺友制,将乡村有一技之长的人聘请为乡村师范指导教师,鼓励学生自己动手学习,向农人学习盖房子、做饭等。

---

① 陶行知:《陶行知全集》(第3卷),成都:四川教育出版社,2005年,第431页。
② 陶行知:《陶行知全集》(第2卷),成都:四川教育出版社,2005年,第352页。
③ 陶行知:《陶行知全集》(第2卷),成都:四川教育出版社,2005年,第454页。
④ 程本海:《乡村师范经验谈》,昆明:中华书局,1939年,第29-40页。
⑤ 李锋,史东芳:《陶行知乡村教师本土化培养思想及实现价值》,《教育学术月刊》,2020年第2期,第2-9页。
⑥ 陶行知:《陶行知全集》(第1卷),成都:四川教育出版社,2005年,第88页。

晓庄在乡村改造方面有以下着力点：第一，开展乡村自治工作。农民长期以来受教育经历、生活环境的影响，缺乏基本的法律常识，在生活中常被各种恶势力欺负而不敢面对，晓庄学校向农民教授政治法律常识，让他们敢于跟各种恶势力斗争，组织青年农民成立联村自卫团，并开展军事训练，以武力维护村里的治安；为了提高村民身体素质，开展禁烟(鸦片)运动；开展村民民主自治活动，晓庄师范指导村民民主自治实验最经典的案例是1929年解决和平门饮水问题。第二，开展晓庄乡村经济组织建设，开办信用合作社。第三，发展晓庄乡村教育事业，鼓励师范生创办乡村中心小学，开办民众学校，开办中心茶园，推动乡村体育运动，开展乡村卫生运动。[①] 从活的教师产生活的学生、活的国民，体现了陶行知乡村改造的根本目的是改造乡村的民众，村民人人都能自食其力，人人都能自立、自治、自卫，中国根本问题在乡村，乡村改造好了，中国才有希望。陶行知先生的晓庄乡村师范学校的教学理论与实践对当时改造乡村社会起到了至关重要的作用，在他的努力下，晓庄乡村师范学校附近的农民开始认字，普及了一部分科学知识，建立了村民自治这一乡村管理模式，推动了乡村民主化的进程。陶行知探索实践乡村教师与乡村改造实现了良性发展，晓庄师范模式在全国得到重视、学习和推广。总之，陶行知的乡村教师培养模式和乡村改造实效，推动了中国近代乡村师范制度的建设，进而推动了全国乡村师范学校的建设和发展，最终把全国各地乡村改造建设推向了高潮。

农村教师的文化困境及公共性重建。农村教育改革之所以陷入困境，其中重要的原因是农村教师之于农村的特殊价值未得到充分发挥。农村教师日益疏离乡村生活，陷入社会身份认同危机和专业主义误区，其公共性和社会功能呈现弱化态势，农村教师身在农村却背离农村。因而必须重构乡村教师与地方社区的和谐互动关系，充分发挥乡村教师的公共性和社会功能。

教育与文化同构互生，互为涵化。农村教育改革和教师发展必须将文化要素作为一种独立的支持背景，主动进入乡村民众的生活世界，真切感受认知民众的教育需求和文化习俗。但是现代化转型中城乡文化差异悬殊，作为乡村的文化人，农村教师逐渐脱离乡村生活，无法承担乡土重建之责。20世纪20年代，陶行知曾充满豪情地主张"乡村学校做改造乡村生活的中心"，而"乡村教师做改

---

① 王文岭：《晓庄师范与民国乡村建设》，南京：河海大学出版社，2017年，第101—139页。

造乡村的灵魂"。当前农村教师社会功能不断弱化,与乡土社会日益疏离,反映了农村教育发展的悖论,农村教师发展已经不仅仅是师资数量、质量、工资待遇等问题,而是农村教师公共性的缺失和社会责任的旁落。

文化境遇下农村教师专业发展面临困境,成为村落生活的"异乡人"。我国农村教师教育政策不断调整和改革,"民转公"、取缔代课教师,当前农村教师基本上都是清一色的"铁饭碗",摆脱了亦耕亦教的半农身份。但是农村教师拥有国家正式编制的同时,"乡土性"色彩渐趋淡薄,在农村的日常生活实践活动日益边缘化。农村教师越来越注重授课内容,单纯应付考试教育,成为一个纯粹的教书匠,而不再赋有各种各样的社会角色。在农村各种公共活动舞台上,鲜有农村教师活动的身影,农村教师与村落社区渐行渐远,逐渐孤立于村庄日常生活之外,成为村庄的"异乡人"。特别有些农村新入职教师从繁华的都市来到较为偏远的农村,怀着失落和难以割舍的城市情结,对乡村生活存在一种天然的排斥,言语中透露出对城市生活的羡慕。当前随着教师待遇的提高,农村出现了所谓的"走读教师",他们将目光投向都市,在城里购房,在城里生活,白天骑着摩托车到村里给孩子们上课,晚上骑着摩托车回到城里居住,"来匆匆,去匆匆,摩托来往城乡中",农村走读教师与乡村社区、农村孩子的交流机会更加少了。受都市长久熏染的师范毕业生,因排斥乡村文化,失去了与农民交往的特有亲和力。

在农村里,学校是他们唯一的生活场所,校园的高墙隔开了校内与校外的生活,也隔开了他们和乡村社会的情感。农村学校只不过是这些人暂时的落脚点,他们只属于学校而不属于乡村,他们的存在最多是在自己孩子的口中,而在真实的乡村社会生活中却并不占据位置。在城乡文化差距日益扩大背景下,农村教师教导农村孩子疏远他们自己的生活环境,乡土知识和文化被看成城市文明的点缀和附属品。农村教师是受过城市文明熏陶并留在农村学校为农村孩子散播城市文明的特殊文化群体,他们以传教士的心态征服和改造乡土文化,扎根乡土社会的农村教师反而成为乡土文化的"陌路人"。如今乡间百姓也表达出对农村教师和现代教育的抱怨,"书越读越蠢,学过的用不上,要用的没有学","种田不如老子、喂鸡不如嫂子"。

此外,农村教师文化的品位不足,文化生活极其匮乏。有调查发现58.8%的农村教师选择看电视和打麻将等娱乐活动甚至从事赌博活动;而选择体育锻炼、上网、阅读等较高品位的文化活动的则只有5.3%;30.8%的农村教师业余时间仅仅阅读一些休闲类报纸杂志;而4.17%的教师则根本不看书。调查发现一些偏远农村出现所谓"彩经"教师、"麻将"教师。教师课余时间讨论最多的是彩票,研究最多的是"彩经",无心备课,敷衍教学;热衷于公共场所打"拖拉机""垒长城"等赌博活动的农村教师让家长们甚为反感,教育质量下滑,教师责任松懈。村民在"百年大计,教育当先"下愤慨地写下"百年大害,麻将为最",指责教师教书不育人,泡在麻将中不能自拔。

村落事务的"边缘人"。在近代教育制度建立以前,私塾作为中国古代基础教育主要承担机构,可谓是乡村社区文化活动中心。乡间塾师灵活的个别授课方式减少了规则教学的必要性,因人而异的管理方式适合乡村日常生活,逐渐与乡村生活天然地融合在一起,在乡村中具有较高的社会威信,赢得乡民的信赖。从传统社会与教育互动关系来分析,私塾教育是以乡村社区生活为本位的教育,与传统地方社区组织包括家族、村落等配合缜密,代表一种乡村文化本位的产物。塾师在中国特有的社会文化结构中占据重要的地位,它与地方权力的代表——绅士有着千丝万缕的联系,实际上乡间应用文字的地方很少,一切对外的交涉、田地的冲突、田赋经济的组织、集市、对付官府等运用文字的场合,经常见到塾师活动的身影。一些通达乡土人情的塾师适合百姓的日常需要,在村民中赢得信任和尊重。

但是当代农村教师在村落事务的运作中日益疏远化,农村教师逐渐从地方社区分离出来,形成一个与乡村社区相隔离的特殊职业群体。在村落事务处理、民间纠纷、日常农业劳作等活动上没有发言权。农村教师和社区中具有农业户口的民众逐渐划分开来,而且社区中的民众也把他们贴上教师的标签,将他们和村落中的其余村民区分开来,这样进一步强化农村教师自我角色异化。农村教师的社会功能和公共责任不断弱化,在村落公共事务的活动中,乡村教师蜕变为边缘人。

在计划体制下,农村教师被纳入国家的管理体系,与地方社区逐渐疏离开来,逐渐从地方社区的事务活动中退了出来,乡村教师与基层行政精英之间的互动流动也被切断。应该看到,乡村教师作为地方知识群体,转变为单纯"教书匠"或"孩子王"的角色,缺乏与乡村经济社会更广泛的互动与联系;也逐渐失去了与乡土社会文化的互动联系。

农村教师陷入专业主义误区。当前农村教师陷入程式化、技术化的运作,专业化是一种科学主义产物,它容易使教师进入某种标准化轨道,失去自我。当前的某些话语认为教师职业地位的低下与教师专业化程度不高有着深刻关联,因而教师教育中的专业主义甚嚣尘上,它突出了把教师作为专业人员来对待,极其专注教学的特性,强调教师对先进教学理论知识、手段及其技巧的操练与娴熟。但是遗失了农村教师的公共性和社会责任,外在规训的异化导致农村教师成为"教学机器"。农村教师按部就班地执行教育行政命令,遵守一套类似企业化的严格行政规范,行政部门按照量化原则对其教学成果进行业绩评估。基层教育体制与学校内部的激励措施和利益诱惑吸引农村教师进入体制轨道内寻求归宿,他们只能在教师专业标准规训下,为高一级学校提供高质量的学生产品。在体制内压力下,农村教师被迫面向考试,追求升学率带来的绩效,背对农村社会,他们与农村社会的有机联系也因此断裂,成为一个封闭的特殊职业群体。在功利主义驱使下,农村教师生活世界被考评量化,责任和意义被淡化,在金钱和利益的诱惑下背离本真初衷。

日本学者佐藤学指出,"公共使命"的丧失使得教师的职业意识被封闭在纯粹主观的内在意识里而私事化,使得他们只看到教师职业生涯中几乎没有边界的、大量的烦琐事务,从而为之抱怨不止;教师们对自身职业的尊严和自豪感转变为对"琐碎杂务"的卑屈意识和情感。公共性的失落造成农村教师陷入专业主义误区,同时带来个体的孤独感、边缘感和软弱无力感。

以公共性回归促进农村教师融入乡村生活。在建设社会主义新农村时代背景下,农村教师是实现乡村社区和谐发展必须依靠的知识力量,乡村学校是推进新农村深入发展的重要场所。为此,地方政府、教育行政部门为农村教师融入乡村生活提供实践路径,以文化资本优势引领农村社会发展。

凸显农村教师之新农村的文化引领。当前某些农村地区一方面没有固定的文化场所,缺乏专职文化人员,投入不足,监管不力,许多农村文化信息平台流于形式;另一方面某些农村学校在乡村社会中演变成为相对封闭运行的"文化孤岛",缺少与当地社区的有机联系。农村文化陷入停滞和困顿,迷信、赌博、暴力犯罪等失范行为频频出现,都是农村精神文化缺失的表征。以农村学校为中心,建立一个集图书室、信息室、活动室、宣传室等为一体的综合性的文化服务中心或学习型组织,并让农村教师负责管理。农村教师必须对农民的生活经验及农民生活环境保持高度的尊重、理解与互融,消除与农民的隔阂,引导学生关注农村教育对农村社会的意义。通过农村社区文化与教师文化的良性互动,充分发挥农村教师的引领者和催化剂功能。

农村社会是一种平面化的居住方式的"熟人社会",农村老师与村民之间经常发生面对面的互动与交往,正是基于学校之上的这些活动,加深了人们之间的情感联系,进而构建了彼此熟悉的社会关系网络。于此基础上,形成以农村教师为主导的村落文化型共同体,发挥农村教师的乡村知识核心作用,凸显乡村教师乡村文化引领者功能。

重塑农村教师的道统符号意义。在乡村社会,教师历来被认为是知识、文化的代言人,在村民心目中有着不可取代的地位和作用,是村民心中的梦想和希望。农村教师不仅为乡村居民提供教育服务,而且被赋予文化象征的符号意义。

但是随着作为理性化的现代社会分工发展,工具理性所造就的"职业人"使传统知识分子逐渐成为"没有精神的专家"。随着公共知识分子的消亡,公共文化和公共生活因此衰落。汉娜·阿伦特在《人类的境况》一书中指出,从近代开始,公共事务的参与、公共责任、善言善行、个体性的彰显、公共情操,这些在古代被视为最高价值的,一一被颠覆。当前追逐私人利益,牺牲公共领域换取私人领域的扩张,成为社会生活的最高目标。

后现代思想家利奥塔宣布"教授"的死亡,在剔除了社会责任、思想表达、人文关怀等向度以后,教授仅仅剩下知识传播的唯一职能,然而教授"在传播既有知识方面并不比数据库网络更胜任"。

农村教师作为乡村公共知识分子的公共性也随之滑落,将专业岗位当成谋生的饭碗,在教育体制里面钻营,沦落为纯粹的职业人。面对市场经济的物质诱惑,一些农村教师失去自我的价值定位和人生目标,教师作为乡村文化人的迷失,在农村生活中只能充当教书匠。自我封闭的农村生活、机械重复的学校环境,应试教育下的高负荷工作,导致乡村教师失去了文化符号意义,长期处于文化沙漠当中,形成了相对封闭的教学文化。在新农村建设背景下,农村教师应明确自己的价值意义,为农村服务,为农村学生成长服务,以文化人身份介入乡村社会实践,以自己的文化学识融入农村社区精神,积极参与农村社区决策,预警农村社区问题,开发农村人力资源,提高农民素质,丰富农村社区文化,重塑乡村教师文化符号意义,充分发挥农村教师之于农村的社会功能和公共责任。

构建农村教师"为农"的制度激励机制。当前农村教育改革不仅需要提高农村教师的学历层次,追加农村教师的工薪报酬,更重要的是构建制度激励机制,促使农村教师参与到地方社区的社会文化生活中去,使农村教师"活"在乡村,"活"在农民之中。

首先,改革僵化的职业规训体制,解放农村教师的晋级枷锁,建立促进农村教师优化调整的导向机制,为农村教师"为农"服务提供路径和奖励,引导农村教师将传播乡土文化、创造乡土文化作为建设新农村不可推卸的职责。

其次,地方政府与教育行政部门应建立适应农村情况的教育制度、课程内容和评价体系,鼓励教师探寻与乡村生活相融合的路径、方法和措施,引导农村教师利用农村特有资源,开发乡土课程。长期以来,"地方的""民间的"知识作为农村教育发展的重要资源,"因其不够成熟或不够精致而被认为是不合格的知识,即幼稚知识,它位于知识等级体系的底层,在认知性或科学性规定的标准之下。"事实上,地方性知识是农村教师与乡土社会融合的桥梁。

最后,改变城乡同构的教师教育体制,注重农村教师特殊性的研究。长期以来,教师教育政策没有考虑到我国城乡文化差别,忽略了农村教师发展的异质性。当前有许多人将国外关于教师教育的新理念引入师范教育改革中时,研究立场上多采取一种城市中心主义分析视角,忽视农村教师发展的乡土性、特殊性和多样性。当前教师教育改革必须吸取乡村师范历史经验,探索通向农村的路径和机制,重构农村教师、地方政府和村落社区之间的关系,充分发挥农村教师之于农村的特殊价值。

第六章　陶行知之问与乡村教育难题积重难返

当前乡村教育有了长足的发展,基本告别了"上不起学"的阶段。但我们还是会惊讶地发现,九十多年前,陶行知批评"中国乡村教育走错了路",如今看来依然适用。"他教人离开乡下向城里跑","看不起务农"等等这些问题显然普遍存在。

第一节　陶行知之问与百年乡村教育变迁之痛

在《我们应当向谁拜年》一文中,陶行知反问,"我们充饥的油盐菜米面是从那里来的,我们御寒的棉花丝绸是从那里来的,我们安居的房屋所用的木砖石瓦是从那里来的?都是从乡下来的,都是乡下人血汗换来的,我们今天不应该下乡拜年,下乡送礼,下乡报恩吗?我们今年不应当为乡下同胞做点事吗?我们今生不应当花点钱,尽点心,用点力,为乡下同胞减少些痛苦,增加些幸福吗?"[①]教师应当做人民的朋友,与农民共命运,同呼吸(本文称之为"陶行知之问")。

一、陶行知乡村教育之问与新式教育的"离乡"

"陶行知之问"的实质是农村教育活动应该发挥改造农村社会的作用。不可

[①] 华中师范学院教育科学研究所:《陶行知全集》(第 2 卷),长沙:湖南教育出版社,1984 年,第 7 页。

否认,农村社会的发展"要靠人做","人的问题"要当先,唯有教育才能解决人的问题。①

(一)陶行知之问

就当时的情况而言,乡村教育与乡村社会相脱嵌,乡村教育并没有承担起服务乡村社会、改造乡村社会的重任,所以才有了上述一系列陶行知对乡村教育的反问。

二十世纪初,新式学堂在国家力量的主导下大规模进驻乡村。然而,新式学堂所创立的教育体系是工业主义的教育,无论是教育内容还是办学模式都是直接模仿欧美国家的。"我国现行之教育制度与方法,完全是工商业社会生活的产物。在国内的生产制度,仍以小农为本位,社会生产制度未变,即欲绝尘而奔,完全采用工商业社会之教育制度,扞格不入,自系应有的结果。"②这种靠外力直接嫁接在乡土社会的新式学堂完全抹杀了乡土社会的实际和农民的需要,在空间上、内容上和人才上逐步"离乡",成为一个外在于乡土社会的、高高在上的机构,不仅没能发挥启民智、振兴乡土社会的功能,反而给乡土社会的发展带来了很大的危机和困境。

(二)新式学堂的植入与乡村教育"离乡"

首先,新式教育空间上"离乡"。1905年,科举制度被废除,读书与做官之间的联系被切断,读书既不能做官,所学亦不能为实际生活所用,于是,在乡土社会,"读书无用论"思想泛起,村民受教育积极性不高。再有,政府推行新式教育,新式教育需要购置新教育设备、需要聘请新式教师,需要大量资金注入,但当时的政府财政困难,没有多余的资金投入乡村教育,以就地筹款的方式解决教育经费的办法也因为劣绅中饱私囊、农民经济贫困和农民激烈反对而收效甚微。正是因为教育经费不足,教育重心由之前的乡村转移到城市,新式学校大多集中在城市,农村社会的乡村学堂日益减少,乡村陷入了缺学少教的境地。仅有的少数学堂收费昂贵,让很多平民家庭子女望而却步。高额的教育费用超出乡民能力范围。与收费低廉的私塾教育相比,新式学堂收费高昂,除基本的学费之外,"又有操衣费、运动费、听差节赏等之额外耗费"。而当时农民生活普遍贫困,维持基

---

① 梁漱溟:《梁漱溟全集》(第2卷),济南:山东人民出版社,2005年,第425页。
② 吕达,刘立德:《舒新城教育论著选》,北京:人民教育出版社,2004年,第437页。

本的生活保障尚且不易,再把子女送入学校受教育更是不容易。平民家庭为了子女能接受一定的教育,不得不节衣缩食,劳心劳力,尽管如此,大多数平民家庭的子女仍然因为经济困难而无法进入中学求学。所以,对绝大多数平民来说,他们已经无法接受教育,教育离乡土社会越来越远。乡村中也有一些资产丰富的家庭,他们要受教育的话,就要离开农村去城市接受新式教育。但是他们并没有充当起联系乡村和城市的纽带,有的只是农村钱财、人才的单向外流。新式教育的空间上移引发了乡村文化危机,乡村社会文化衰落、识字率下降。"以乡村识字率为例,兴新学之前乡村的识字率较高。有学者统计,1880年清代识字率男人为30%~45%,女人为2%~10%,平均识字率为20%左右。……新学兴办之后乡村识字率下降较快。"①

其次,新式教育内容上"离乡"。二十世纪二三十年代,村民对教育内容的要求是能解决日常生活中的实际问题,"村民把教育看成提高家庭地位的途径。孩子们学会认识名字、看得懂土地契约的内容、认识各种纸币,他们在交易中就不会受骗。不必干农活的儿子必须接受职业、生意、手艺方面的培训。在学校全部课程中,书法、记账、打算盘、学习农产品、农具、家用器具和制造品的术语占有重要的地位,也有人把学校看成学习规矩、接受古代圣贤教导的地方。"②而新式学堂教育的内容则不适用于农村实际,与乡民的需求产生了"错位"。"学生能画汽车飞机,而不能写借据田契,能算先令佛朗,而不能计田漕。"③"乡村小学教材,完全说些城里的东西,不合农村的需要。小学教师对待农民的态度又非常之不好,不但不是农民的帮助者,反而变成了农民所讨厌的人。"④"小学教材不切于民生日用,使生徒毕业者举其所学,与社会不相入。"⑤正是基于此,新式教育在当时不仅不能赢得村民认同,反而激起了村民对它的排斥和反感,乡民们受教育的愿望降低。学堂上课时间与农事时间不协调。旧时私塾的时间与农历作息时间步调一致,利于学生参与农事。但新式学堂的上课时间明显与农事时间不协

---

① 姚荣:《从"嵌入"到"悬浮":国家与社会视角下我国乡村教育变迁研究》,《清华大学教育研究》,2014年第4期,第27-39页。
② 杨懋春:《一个中国村庄山东台头》,南京:江苏人民出版社,1996年,第140页。
③ 乔启明:《中国农村社会经济学》,《民国丛书》第4编第13卷,上海书店据商务印书馆1947年影印,第299页。
④ 毛泽东:《毛泽东选集》(第1卷),北京:人民出版社,1991年,第40页。
⑤ 朱有瓛:《中国近代学制史料》(上册),上海:华东师范大学出版社,1989年,第34页。

调,"在农事活动的日历中有两段空闲的时间:即一月到四月,七月到九月,但在这段时间里,学校却停学放假;到了人们忙于蚕丝业或从事农作的时候学校却开学上课"。这不仅导致具有一定劳动能力的学生没有办法帮助家人从事农业生产活动,而且还因为家长要照顾子女的学习而影响了家庭的安排。

最后,新式教育培养的人才"离乡"。因为新式学堂多集中在城市,大量农村知识青年,毕业后选择留在城市,不愿意回到乡村,乡村社会的文化生态出现断层,城乡分离态势明显。乡村教育加速乡村精英离乡的原因主要有两个方面:一是乡村精英所学内容和专业在乡村社会无用武之地。在新式学堂里,学生所学的内容是与城市工业文明相适应的声、光、电的知识和技术,这些知识和技术只有在城市才能有用武之地和更多的展现机会,在广大偏远落后的农村基本派不上用场,找不到工作机会,农民也因为学生所学解决不了实际问题而不欢迎这样的学生。[①] 所以,很多新式学堂毕业的学生选择留在城市,在城市就业。二是乡村精英在新式学堂教育下形成的生活方式和价值观念与乡土社会格格不入。[②] 乡村精英长期在城市文明的浸润下,形成了与城市文明契合的生活方式和价值观念,他们觉得自己已经"异于乡下人,而无法再和充满土气的人为伍了"。[③] 在这些"离农"的价值观念指导和制约下,乡村精英陆续进行着"离农"的行为。一方面在乡村精英群体中达成"离农"的共识,形成了一种外在的舆论压力,此种舆论压力对个体的"离农"行为具有约束力;另一方面,是乡村精英个体将共同的"离农"的价值观念内化为自身的行动取向,乡村精英越是认同城市生活和城市文明,就越是在行动上"离农"。

因此,可以说,新式学堂的植入促进了乡村教育和乡村社会之间的分离。方面,在新式教育模式下,乡村教育难以获得乡土社会的认同,难以获得进一步发展的社会力量的支持,加之政府扶持力度十分有限,乡村教育发展在当时举步维艰;另一方面,新式学堂教育造成了乡村精英人才的外流、资金的带出以及乡村文化生态的断层,农村经济和社会处于残破不堪的境地,加之迅速发展的城市

---

① 吴彦芳:《近代新式学堂教育与农村问题》,《西北民族大学学报(哲学社会科学版)》,2010年第3期,第149-152页。
② 渠桂萍:《乡村振兴视域下陶行知乡村教育思想再审视》,《山西大学学报(哲学社会科学版)》,2022年第1期,第112-120页。
③ 任自涛:《民国丛书》(第3编),北京:观察出版社,1948年影印本,第72页。

又无力向乡村传播现代性,拉动乡土社会的发展,本来已经存在的城乡差距进一步加大,这又进一步带动了乡村资源的流出,如此,不断往复,乡土社会不断承受着恶性循环的后果。在很大程度上,新式教育将乡土社会推向了几近崩溃的边缘,带来了重重社会危机。

在中国乡村社会陷入全面的政治危机、文化危机和经济危机的情况下,包括陶行知在内的一批知识分子开始思考探索中国的出路。这些知识分子都认识到中国的问题就是农村问题,要改造中国,必须先改造农村。因此,他们以乡村教育为枢纽,投入乡土社会开展乡村教育实践,以图通过农村小片区域的改造带动整个社会的重建,来解决中国的社会危机。陶行知从当时中国的实际出发,把中国传统教育思想和西方现代教育理论相结合,提出了他的乡村教育思想,并进行了广泛而深入的教育实践。

二、村村办小学与乡村教育被边缘化

中华人民共和国成立之后,我国经济社会发展面临极大困境,百废待兴,国家选择了偏向城市的、赶超型的重工业发展战略。以这一战略为指导,国家陆续制定了一系列限制城乡交流、支持城市发展的制度和政策,最终形成了城乡二元对立的格局。乡村教育作为文化观念传播的前哨,在此时期更是扮演着特殊的角色[①],要维系国家重城轻乡的教育非均衡发展方式。因而,这一阶段的农村教育发展具有很强的政治化和被边缘化色彩。

(一)城乡二元对立格局的形成

1949年之前,新式学堂的推广使得城乡分化的趋势开始出现,但城乡对立的格局并没有形成,我国城乡二元对立格局的真正形成是从1949年后开始的。中华人民共和国成立后的前三年是我国医治战争创伤、恢复和发展国民经济的时期。为了解决粮食这个困扰经济建设的重大问题和为大规模的社会主义工业化建设提供物质基础,国家自1953年开始实行粮食统购统销政策。根据1953年10月16日中共中央下发的《关于粮食统购统销的决议》,我们可以知晓:实行

---

① 姚荣:《从"嵌入"到"悬浮":国家与社会视角下我国乡村教育变迁研究》,《清华大学教育研究》,2014年第4期,第27-39页。

统购统销政策不但可在当时的条件下妥善地解决粮食供求的矛盾,更加切实地稳定物价和有利于粮食节约,而且把分散的小农经济纳入国家计划建设的轨道之内,引导农民走向互助合作的社会主义道路,是对农业实行社会主义改造所必须采取的一个重要步骤,它是党在过渡时期总路线的一个不可缺少的组成部分。统购统销政策的实行揭开了我国城乡二元对立格局的序幕,深刻地影响着国家的城乡关系。

统购统销政策虽然为国家的工业化建设积累了资金,稳定了物价、市场和社会秩序,但是,也造成了大批农民因为生计问题而被迫往城市流动的状况,严重冲击着城市建设。1953年4月,政务院颁布了《关于劝阻农民盲目流入城市的指示》,实行"计划入城",控制农村人口进城。1955年政务院下发《关于建立经常户口登记制度的指示》,开始统一全国城乡户口登记。1956年到1957年国务院陆续发布了《关于防止农村人口盲目外流的指示》和《关于制止农村人口盲目外流的指示》等规章制度,加强劝阻农民盲目外流和动员已流入城市的农民回原籍的工作。1958年,全国人民代表大会常务委员会通过并公布了《中华人民共和国户籍登记条例》,在对户口簿和户口迁入、迁出的手续做了规定的基础上又对城市和农村户口分别做出规定。这标志着我国确立了城乡二元户籍管理制度。

统购统销政策和户籍管理制度建立的初衷有两个方面:一是按计划经济体制的要求把农民稳定在农村,防止农民流动到城市对城市建设造成冲击;另一方面是把农民和农业、农村结合起来,最大限度地生产粮食和其他农产品,为国家工业化建设创造物质基础。[①] 但是,面对城乡生活成本和状况有别的事实和农民个体具有的理性化的选择行为,农民还是会选择往城市迁移,国家最初目的的实现还是有很大的难度,于是,国家在农村又建立起了人民公社制度,人民公社制度强化了国家对农村基层社会的控制。1958年,全国开始掀起规模庞大的人民公社化运动,同时,国家又实行计划经济体制,国家靠行政手段配置资源,着重发展城市,造成了城乡发展的失衡和工农业发展的失衡,城市和乡村之间的差距加大,城乡二元对立的格局形成。

从改革开放至今,虽然政府采取旨在打破城乡二元对立的制度,比如,松动户籍制度,取消统购统销政策和人民公社制度,但是由于路径依赖的作用,城乡

---

① 刘应杰:《中国城乡关系与中国农民工人》,北京:中国社会科学出版社,2000年,第58页。

二元分割和城乡差距的问题并不能立即得到彻底解决,城乡二元对立的格局,城乡二元结构所形成的固化的利益关系还是延续下来。这种业已积累起来的稳定的城乡二元分立的机制还是会继续对乡村教育产生深刻的影响。

(二)乡村教育被边缘化

按照马克思主义的观点,教育属于重要的上层建筑,政治主导的国家主义逻辑必然制衡着乡村教育的发展,城乡对立的二元格局必然造成城乡教育资源供给方式的不同,乡村教育被边缘化了。

中华人民共和国成立后,领导者在接管政权后,就迅速对之前的乡村教育机构进行了接收、整改,"取消了民国时期带有意识形态色彩的公民、党义、军训等课程,而代之以新的政治课,在学校教师队伍中建立起政治学习制度"。[1] 在乡村教育的发展中,政府通过行政式资源动员、由农民和农村社区承担农村义务教育成本的隐性成本分摊方式以及"泛政治化的管理方式"使得义务教育获得很大发展的同时,也因为错误的政治路线的引导,特别是"政治挂帅"思想的影响而造成这段时期农村义务教育质量的低下,师生要经常参与到集体生产劳动中,公社要求停课就要停课,课堂教学受到冲击,教学质量难以保障。[2] 与这一时期小学学龄儿童高入学率和高升学率相对应的是农村社会兴起了"读书无用论"。"读书无用论"思想的盛行,一方面是因为农村教育内容脱离农村社会生产、生活的实际,除了能够使很少一部分学生进入城市外,绝大多数农村学生在教育中学不到以后在社会上起到作用的知识和技能;另一方面是因为这一时期的招生制度过分重视报考者政治表现,从七十年代初到1976年,在农村实行的是推荐贫下中农上学的招生制度,此种制度过分重视学生的出身和政治表现,忽视他们的文化知识,打击了学生们学习的积极性,同时,这一制度衍生出走后门、营私舞弊等行为,也影响了农民及其子女对于通过接受教育跳出"农门"的信心,因此,广大农民及其子女对读书的期望彻底破灭。

第二,乡村教育在城乡区隔的教育投入方式下边缘化发展。1949年后,国家开办了很多学校,但是因为政府财力有限,只有发动群众参与到办学中。中共

---

[1] 郭建如:《基础教育财政体制变革与农村义务教育发展研究:制度分析的视角》,《社会科学战线》,2003年第5期,第157-163页。

[2] 姚荣:《从"嵌入"到"悬浮":国家与社会视角下我国乡村教育变迁研究》,《清华大学教育研究》,2014年第4期,第27-39页。

中央在1962年提出了"国家办学与工矿企业、农业合作社办学并举","免费教育与不免费教育并举,全党全民办教育"的"两条腿走路"的方针。在这一方针指导下,"在城乡分治和统收统支的财政体制督导下,位于乡镇街道的中小学校的经费由基层乡镇政府负担,而以生产大队为空间范围的'民办学校'的经费则由社队集体负责提供,农民及其农村社区是农村义务教育成本的实际承担者。"[①] 1978年改革开放以后,农村陆续实行家庭承包经营制,取代了人民公社制度,极大地冲击了人民公社制度下的农村教育这一公共物品的供给,一时间,农村义务教育供给出现了"体制真空"问题,教育资源大量流入城镇,农村中小学被大幅撤销或合并,农村学龄儿童的入学率和毕业生升学率不断下降,农村教育不断衰退。在1985年出台的《中共中央关于教育体制改革的决定》中提出了农村义务教育实行"三级办学、两级管理"的体制,这种教育体制在实践中转化为"县办高中、乡办初中、村办小学"的办学模式。

城乡二元分割的格局造成了农村教育的双重边缘化境地。农村发展本就被置于城市发展之后,经济状况捉襟见肘,发展困难重重,位于边缘化处境之中,农村教育又是农村社会的边缘性结构,因而,农村教育处于双重边缘化境地。同时,城乡二元分割的格局造成了城乡教育投入方式的巨大差异,农村教育这种公共教育资源分配上的不公正,加剧了农村教育的双重边缘化地位。

三、文字上移与乡村教育"悬浮"

(一)文字上移

二十世纪九十年代后期开始,农村教育中出现了两个新的趋向:一是学龄儿童数量减少,出现了很多"空壳学校";二是国家在普及九年义务教育的过程中,围绕农村教育资源的配置出现了优化资源配置,调整学校布局的理念,正是在这两个趋向的推动下,国家的农村义务教育,学校布局调整政策出台。[②] 2001年6月,国务院下发的《关于基础教育改革与发展的决定》中提出在农村进行义务教

[①] 姚荣:《从"嵌入"到"悬浮":国家与社会视角下我国乡村教育变迁研究》,《清华大学教育研究》,2014年第4期,第34页。
[②] 杨东平,王帅:《从网点下伸、多种形式办学到撤点并校——徘徊于公平与效率之间的农村义务教育政策》,《清华大学教育研究》,2013年第5期,第25-34页。

育,学校布局调整的任务是"因地制宜调整农村义务教育学校布局"。2003年9月,国务院颁布了《关于进一步加强农村教育工作的决定》,指出要"继续推进中小学布局结构调整,努力改善办学条件,重点加强农村初中和边远山区少数民族地区寄宿制学校建设"。农村寄宿制学校建设工程的大量开展加速了农村中小学布局调整的进程。随着布局调整和撤点并校的陆续进行,其负面影响逐渐显现,在多方呼吁下,国家叫停了这一政策。2012年9月,国务院下发了《关于规范农村义务教育学校布局调整的意见》,提出了"坚决制止盲目撤并农村义务教育学校","在完成农村义务教育学校布局专项规划备案之前,暂停农村义务教育学校撤并"。正是经过十多年大规模的农村中小学布局调整和寄宿制学校的建设,乡村学校与乡村渐行渐远,形成了新的乡村教育趋势,即"文字上移"。[1]

(二)乡村教育"离乡"

"文字上移"造成了乡村教育物理上"离乡"与文化上"离乡"并存的局面,乡村教育陷入新的困境,乡村教育危机加重。

第一,乡村教育物理上"离乡"与儿童就近入学机会的被剥夺。"撤点并校"政策的初衷是集中优质教育资源,提高乡村教育质量,但盲目的、大规模的撤并造成了乡村教育的重心远离乡村。"在这一政策的实施下,中国农村小学校数量从1997年的51万余所减少到2006年的29万多所;教学点从1997年的18万余个减少到2006年的8万多个;农村小学在校生数从1997年的9560万余人减少到2006年的6676万多人;减幅分别为42.48%、53.15%、30.17%。把教学点算上,中国农村这十年间平均每年减少3.2万所学校;每天约有87所学校消失。"[2]因为一些教学点和小规模学校被撤并,许多乡村儿童只能到离家很远的地方上学,由此产生了家长的交通成本、时间成本与陪读成本,因为农村家庭需要承担的成本太大,一些家长承受不了或者不愿意承受,就引发了农村地区新一轮的辍学、失学现象的发生。另外,由于一些地区恶劣的自然条件,寄宿制学校的卫生条件很差,撤并后学校管理不到位而导致的学生之间不能融洽相处等问题,也都会引发农村儿童辍学和失学现象的发生。辍学率和失学率的增加就意味着乡村儿童受教育机会被直接或间接地剥夺了,乡村儿童受教育机会不均衡,

---

[1] 熊春文:《"文字上移":20世纪90年代末以来中国乡村教育的新趋向》,《社会学研究》,2009年第5期,第110页。

[2] 同上,第128页。

进而乡村教育发展不均衡。乡村小规模学校被撤并也会导致乡村学校校际间的教育差距增大,妨碍农村义务教育的均衡发展。一些本来就相对优秀的学校,比如中心学校等,合并了被撤学校优质的教育资源,尤其是优秀的师资,就会在区域范围内变得更加优秀,但同时撤并也会造成本地区相对优势的教育资源被抽离,办学条件更加恶化的局面。这就造成了同一地区的乡村儿童享受不到同等质量的教育,阻碍了义务教育的均衡发展。

第二,乡村教育文化上"离乡"与乡村文化困境。乡村教育与乡土文化应该是互哺互动的过程,乡村教育以传播乡土文化为内容,乡土文化为乡村教育的发展提供沃土。[1] 但是,在"文字上移"之后,乡村教育成为与乡土文化脱嵌的"文化殖民地",与乡村文化实现了区隔。首先,在教育理念方面,乡村教育质量在有了一定提高的同时,亦步亦趋于城市教育的发展,越来越追求高升学率和考试高分数,越来越淡化甚至于无视乡土文化的价值内容,乡村教育与乡村的情感联系也越来越少[2];其次,在教育内容上,乡村教育以传授主流的、普适性的文化知识为内容,被打上了现代化的、主流的、精英文化的烙印,乡土文化不断受到冲击;再次,乡村教师逐渐脱离了乡村社会的根基,"教师是带领学生打开知识大门的钥匙,也是一个连接学校与家庭(社会)的'拱顶石'"[3],然而,在"文字上移"过程中,乡村教师逐渐在身体上和精神上脱离了乡村社会的根基,缺乏对学生进行乡土文化的教育,即是说,教师没能充当起学生与乡土社会联系的"拱顶石"。伴随着一些乡村学校的撤并,一个个村庄的历史传统和人文血脉也就被切断了,村民对乡土文化的认同感逐渐减弱,人心散落,乡土社会的凝聚力降低。

四、乡村教育究竟为了谁——百年乡村教育演变之痛

"乡村教育必须作出正当合理的文化判断与选择;同时,乡村教育必须通过培育新人方能实现乡村社会与文化的改造。"[4]因此,考察乡村教育的发展状况

---

[1] 纪德奎,孙春晓:《乡村教育与乡土文化的疏远与扭转——基于对"文字上移"运动的反思》,《天津师范大学学报(基础教育版)》,2018年第1期,第1-4页。
[2] 同上。
[3] 瞿葆奎:《教育学文集·教师》,北京:人民教育出版社,1991年,第15-23页。
[4] 孙杰远:《乡村教育应在文化选择中重塑主体性和自觉性》,《探索与争鸣》,2021年第4期,第12~14页。

需要考察它是否坚持了正确的价值取向,是否对乡村儿童的生存状态及生活方式报以人文关怀。乡村教育的百年变迁中被边缘化和不断出现"离乡"的实际状况,反映了乡村教育失去了乡村文化立场和文化自信,失去了对乡村儿童的人文关怀。

（一）乡村教育失去了乡村文化立场和文化自信

因为乡村教育是培养人才的活动,需要以文化作为介质才能实现,同时,乡村教育又具有传承和创新文化的基本价值,选择什么文化、发展什么文化是乡村教育基本品质的体现,乡村教育的文化性十分重要,乡村教育的文化选择就成为判断乡村教育发展状况的一个内在标准。① 乡村教育是面向乡村的教育,要以推动乡村发展和乡村人民进步为主旨,因此,乡村教育首先要坚守乡村文化立场和文化自觉。但是,在乡村教育的发展过程中却面临着城市文化与乡村文化失调的问题,城市文化作为一种全新的文化,是现代性、先进性的代表,乡村文化被认为是落后的、闭塞的、野蛮的文化,处于被鄙夷、被漠视、被改造的境地。在这种两极化文化属性的界定下,城市文化成为教育现代化的主流文化,乡村文化只得在教育现代化的进程中一次次地遭遇被改造、被歧视的命运。乡村文化没能成为乡村教育的重要内容,所传授的内容都是离乡村儿童实际生活很远的内容,增加了乡村儿童理解和掌握这些知识的难度；乡村文化也没能为乡村教育提供文化氛围,乡村儿童的精神世界也未能得到滋养。其结果是乡村教育逐步城市化,离乡村生活越来越远。这种以城市化文化立场为单一取向的乡村教育,由于抹杀了乡村儿童的精神归属,只具有了形式上的公正,但非真正意义上的公平、公正的教育。也正是由于忽视了乡村文化的价值及其本身就具有的整体性教育功能,乡村教育才会变成无源之水、无本之木。乡村教育应该逐步改变一味效仿城市教育办学模式的做法,立足于本地区经济社会发展实际和文化传承的基本任务,彰显出乡土性,厚植人力资本,才能更好地服务于乡村儿童和农村社会。

（二）乡村教育失去了对乡村儿童的人文关怀

乡村教育应该具备对乡村儿童的人文关怀,是说乡村教育在尊重乡村儿童的价值、尊严的基础上,关注乡村儿童的生存状况和生活环境,促进乡

---

① 孙杰远:《乡村教育应在文化选择中重塑主体性和自觉性》,《探索与争鸣》,2021年第4期,第12-14页。

村儿童自由全面地发展。乡村教育的人文关怀一方面可以夯实城乡二元结构下乡村文化的根基；另一方面可以避免在传承文化过程中过于重视功利化的倾向而导致淡漠乡村文化完整性的结果。[①] 乡土文化包括乡土文化自信、乡土情感和乡土文化价值观诸方面的内容，对丰富儿童精神世界和促进人格发展具有重要意义。但"离农"的乡村教育却鼓励乡村儿童通过接受教育，取得优秀的学业成绩，走出农村，向城市流动，在城市出人头地，这就使得乡村儿童以此为目标，终日在学校学习科学文化知识，对于乡土文化置若罔闻，并日渐陌生。尽管一些学校通过地方课程和校本课程对传承乡村文化做了一些工作，但这些工作又因为教育场域中以考试分数为标准的考核评价体制而流于形式，不能起到应有的作用。再有，这些文化内容也缺乏对其中蕴含的文化价值观的挖掘和理解，导致儿童只能学到一些内容的皮毛，欠缺对内容背后的文化内核的掌握。因此，此种文化传承方式把文化简单化了，忽视了乡土文化对于乡村儿童的精神发展和人格提升所具有的重要作用。乡土文化与学校教育知识的断裂就使得乡土文化在这方面的作用无法发挥，这就造成乡村儿童对乡村文化的情感自信和依赖感缺失和不足。"乡村文化缺失会造成无法挽回的伤害，甚至极端一点可以这样说，我们是在用牺牲整个一代乡村儿童幸福童年的代价来赢得乡村社会的经济发展。"[②] 为了使乡村教育更好地具备人文关怀，可以从两个方面进行努力：第一，乡村学校在编写乡土教案和课程的时候注意挖掘乡土文化的文化内涵和有助于儿童认识生命意义的内容；第二，应该在改变应试教育和唯分数论的教育大环境上做工作，以营造良好的传播乡土文化的氛围。[③]

第二节　乡村教育难题积重难返与乡村教育价值危机

前述乡村教育发展的三个阶段主要是受国家政治主义逻辑的裹挟而造成的

[①] 王伟：《论乡土文化传承教育的民生转向与人文关怀》，《教育科学研究》，2020年第6期，第24—29页。
[②] 刘铁芳：《乡村的终结与乡村教育的文化缺失》，《书屋》，2006年第10期，第46—47页。
[③] 同①。

边缘化、弱势化的局面,那么当今乡村教育的发展更多地受到发展主义逻辑的支配而表现出结构性困境,乡村儿童和乡村教师"向城性"流动明显,教育主体价值取向的工具理性化和乡村文化认同失衡化的多重发展难题,乡村教育的价值危机进一步加深。

一、乡村教育城镇化的结构性困境

随着我国城市化进程的加快推进,越来越多的农村人口流向城市,城市规模逐渐变大,乡村却在大面积地萎缩或消失。推动农村人口向城市涌入的最直接动力就是追逐优质教育资源。因为历史上形成的城乡二元社会结构和"就近入学"制度的作用,城市学校相较于农村学校普遍具有更为优质的教育资源。为了缩小城乡教育之间的差距,2014 年,中央启动了县域义务教育均衡发展验收工程,到 2018 年底,全国很多县通过了这一工程验收。但这并不能说明在绝大多数县域范围内真正实现了义务教育均衡发展,城乡教育在各种因素的作用下,形成的教育差距仍然明显地存在着。城市学校在文化软环境方面、在优质教师配备等方面都比农村学校有着很大的优势。为了使子女能够接受到更好的教育,只要是有条件的农村父母就会选择离开农村,将孩子送到县里、市里读书,由此造成乡村教育城镇化的局面,乡村教育城镇化带来了很多结构性困境。

(一)加剧了农村教育质量的低下

农民进城读书是农村教育衰败的表现,但是大量农民进城读书又加剧了农村教育的衰败,使得农村教育质量愈加低下。在农村教育转型的背景下,农民内部阶层分化明显,一些优势阶层的农民家长无论在思想上还是行动上都十分重视子女教育,以家庭之力积极参与到子女教育竞争中来,他们竞相把子女送到城市接受优质教育资源。这一行为首先影响到的是同是优势阶层的家长及学生群体,他们家庭条件好、学习成绩也好,其次影响到的是学习成绩好、但家庭条件稍差的学生群体。[1] 这就形成了教育城镇化的内在动力因素,最终演化为大量农

---

[1] 舒丽瑰:《阶层分化视角下的农村学生进县城就学潮分析》,《中国青年研究》,2021 年第 1 期,第 12-20 页。

村学生进城读书的具体行动。以山西省为例,2016年山西省义务教育阶段的农村学生进城读书的人数为28.67万,占农村学生总数的67.89%,相较于2011年的占比,提高了4个百分点,可以说,农村学生进城读书的势头基本上是不断增长的。[1]

农村学生进城读书可以享受到城市的教育资源,为通过城市教育考上大学实现向上流动,改变自身以及家庭命运提供了可能性。但同时,农村学生进城读书也带来了很大的弊端,即造成了农村教育质量的低水平循环。首先,农村学校优质生源流失严重。伴随着大量优质生源进城,农村学校只能招收一些学习习惯不好的、学业表现差的学生,农村学校中留下来都是原来班级中的中等及以下学业表现水平的学生,这些学生构成了农村学生的生源,甚至于还有一些智力残障的学生,这样的生源构成使得农村学校在教育场域中不具备竞争力,影响着农村学校的未来发展方向。其次,优质生源进城影响乡村教师们的教学质量和教学效果。以学习习惯不好的学生聚集的学校形不成"比、学、赶、帮、超"的学习氛围,更多的是以娱乐和消费为主要内容的青少年灰色亚文化的泛滥,长期沉浸在这样的亚文化中,只会使更多的学生偏离于学习这一主要任务。同时,农村学校生源流失严重也会影响教师的教学积极性。在都是由学习能力比较差的学生组成的班级中,师生之间的互动减弱,学生不能有效回应教师们的积极引导,教师们只得固守于灌输式教学,进行创新式教学的积极性和动力不足,时间一长,教师们也就逐渐形成了适应性教学策略。学生的向城性流动带动了教育资源逐步向城市聚集,农村学校面临的生存状况令人担忧,只能接收一些没有教育选择能力的底层生源,为他们提供享受教育权利的最后保障。以我们的调研为例,连续几年来,所调研的中学没有一人考上重点高中,每年的初三中考一般50人左右考上普通高中,如果以初一每年的入学人数200人左右作为基数计算的话,升学率也才达到26.5%。以分布在4个班的学生的学习情况来说,成绩稍好的、有比较好的学习习惯的四五个人是漂浮在40人的班级的少许"油花",他们也是各科老师上课的时候仅有的几个配合者。

(二)造成了乡村教师大量流失

---

[1] 肖军虎,王文萌:《农村学生进城就读的问题及对策研究——以山西省为例》,《教育理论与实践》,2019年第34期,第30-34页。

教育城镇化也导致了乡村教师的流失,乡村教师队伍是极不稳定的。教育部此前公布一组数据,2010年至2013年间,全国乡村教师数量由472.95万降为330.45万,短短三年时间内,乡村教师流失人数达142.5万,流失率达30%。时下,乡村教师流失已经成为一个社会问题,尤以中西部贫困地区为甚。乡村教师流失的原因大概有以下几种:

1. 体制内的弱者

布尔迪厄将掌握文化资本的知识分子定位为"统治阶级中的被统治者"[①],说明在决定社会地位的经济资本、文化资本和政治资本中,文化资本的权力要逊于政治资本和经济资本。同理,在我们的"体制内",依据掌握资本的状况,作为知识分子代表的教师在这一系统中也处于相对"弱势"的地位。乡村教师在他们所能比较的当地的职业系统内,其经济收入要落后于金融系统、电信系统和电力系统的工作人员;其权力要落后于乡镇一级政府部门工作人员。从单一教师的序列上看,我国的教师分为高校教师、高中(中专)教师、初中教师以及小学教师;从地域上分可以分为城市教师、农村教师等,就这些类型教师掌握的文化资本的数量和相应转化而来的社会地位来说,高校教师的地位最高,农村小学教师的地位最低。通过这样横向和纵向的对比,我们得出结论:乡村教师是"体制内的弱者"。当今,乡村教师难免会对自己的资源占有状况心有不满,自我贬损。

2. 同质化社会资本的局限

社会资本的概念最早由法国社会学家布尔迪厄提出,他认为社会资本是"现实或潜在的资源的集合体";科尔曼在大量研究的基础上系统表述了社会资本理论,把社会资本看成是"关系中获得的、现实的或潜在的资源";林南则从社会行动和社会结构的角度对社会资本进行定义,认为社会资本是"由嵌入在社会关系和社会结构中的资源组成"。在学界提出对社会资本的研究主要体现中国本土化色彩的要求之下,赵蒙成认为社会资本是"存在于个体所处的社会关系网络之中,能够为个体提供信息、财富、声望、权利等有益于个体发展、实现自身利益最大化的资源"[②],本文就是在这个意义上在此处使用社会资本这个概念的。根据

---

① 布尔迪厄:《文化资本与社会炼金术:布尔迪厄访谈录》,包亚明,译,上海:上海人民出版社,1997年,第85页。

② 赵蒙成:《社会资本对新生代农民工就业质量影响的调查研究》,《人口与发展》,2016年第2期,第50页。

社会资本的性质,可以将社会资本划分为同质性社会资本和异质性社会资本。同质性社会资本以熟人社会的关系为主,乡村教师的社会关系主要是先赋性的基于血缘和地缘关系的族亲和乡亲以及后续工作中结成的与同事、学生之间的关系。由于乡村教师绝大多数来源于社会底层,乡村学校接收的学生也都是社会底层人员,这就决定了乡村教师的社会关系是同质性的、低层次的社会资本类型。这种关系的互动规模小、范围窄、分散,互动的连续性要依赖相互间的感情来维系。此种类型的社会资本能够为教师坚守乡村提供情感支持,但是同时也使得乡村教师保留了传统的观念和小农意识,阻碍着其对于更加现代的思想和文化的接纳。乡村教师主动或被动地固守着狭隘的交往圈,客观上不能融入城市文明所代表的主流文化,也就缺少了发展的平台和机会。

3. 不利的农村工作环境

乡村教师的工作环境主要表现为物质环境、人文环境两个方面。由于受城乡二元制度的影响,农村以及农村教育的发展相对比较落后,带来的直接后果就是农村学校的物质环境比较差。办公设备、多媒体设备、实验器材以及计算机网络系统等的配置都很有限。教师在学校的生活条件也比较艰苦,缺乏相应的休闲娱乐场所。随着外出务工劳动力的转移,乡村教师面对的学生大多是一些留守儿童和隔代抚养儿童。我们对调研的乡镇中学中初二年级组四个班152名学生的家庭结构做了简单的统计,结果如下:母亲留守、父亲外出务工的家庭40人,占26.3%;父母均在外的隔代家庭25人,占16.5%;核心家庭60人,占39.5%;父母均在外,跟哥哥或姐姐一起生活的8人,占5.3%;单亲家庭19人,约占12.5%。综上,夫妻分居型家庭教育结构占比38.8%,夫妻子女分居型家庭教育结构占比21.8%,即非双系抚育结构占比约60.5%,双系抚育家庭结构占比约39.5%,可以说农村现在的家庭教育结构变异严重,非双系抚育家庭教育结构的比重大大超过了传统中占主导地位的双系抚育家庭教育结构。家庭教育处于严重缺失的状态,给学校教育带来了很大的挑战。家庭教育上父母的缺位以及管理方式上的放任自流与学校教育严格规训的状态形成巨大的反差,给教育带来了"5+2=0"的效应,使农村教育始终在低水平循环。核心家庭与隔代抚养家庭、单亲家庭等家庭形式并存的复杂状态造成家庭情感功能的弱化,少年们选择情归同辈群体,同辈群体之间相互影响,在缺少家庭约束的条件下,成为学校教育中"反学校文化"的载体,它的盛行不断干扰影响着正常学校教育的开展。学校教育工作最终要靠教师承担,学校工作的复杂性增加了教师工作的难度。

二、乡村教育主体价值取向的工具理性化

文化在背后支撑着事物发展方式、人类的思想和行为,改革中出现的一些问题都可以在文化中找到深层的答案。[①] 当前农村教育中问题频发的原因就在于工具理性对相关主体互动行为的支配。价值理性和工具理性并不是完全对立的,而是相互统一、不可分割的,价值理性能够为工具理性提供精神动力和价值引导,工具理性可以为价值理性的实现提供现实支撑。[②] 发展到现代社会,工具理性的地位逐渐提高,价值理性逐步被忽略。转型期的我国农村基础教育在工具理性的支配下,应试教育大行其道,教师、学生和学校围绕如何提高成绩的问题追求着教育本身的工具理性,严重背离了教育的本真意蕴和价值追求,"理性化导致非理性化的生活方式"[③]。

(一)学校单一化发展模式和评价标准

"竞争已经成为社会的主导伦理"[④],教育场域的竞争也异常激烈,这一点突出地表现为排名和筛选的强化。学校之间争排名、争等级的竞赛导致了学校教育出现了分数至上的办学目标窄化和学校性质异化的普遍现象。[⑤] 并且学校通过制定以学生成绩为主要标准的教师评价制度把竞争的压力传输给对学校竞争起着关键作用的教师群体。"在学校制度的诱导下,每个人或绝大多数人都会渴望成为教育领域中各种形式竞争的胜利者,从而在更高、更广的层面上获得各种利益的满足。"[⑥]在乡村学校教育场域中弥漫着浓厚的急功近利、重规训约束轻

[①] 孙丽芝:《价值理性回归:大学教师教学发展的必由之路》,《黑龙江高教研究》,2018 年第 4 期,第 97 页。

[②] 刘科,李晓东:《价值理性与工具理性:从历史分离到现实整合》,《河南师范大学学报(哲学社会科学版)》,2005 年第 6 期,第 36 页。

[③] 杨善华,谢立中:《西方社会学理论》(下卷),北京:北京大学出版社,2006 年,第 188 页。

[④] [美]迈克尔.M.阿普尔:《文化政治与教育》,阎光才,等译,北京:教育科学出版社,2005 年,第 33 页。

[⑤] 蒋凯:《为竞争而训练——过度教育竞争的根源与后果》,《教育发展研究》,2009 年 Z1 期,第 79 页。

[⑥] 傅淳华:《论学校制度情境中学生竞争性观念之生成》,《湖南师范大学教育科学学报》,2015 年第 11 期,第 6 页。

内在教化、一切以成绩和升学为中心的应试教育的价值观念。学校教育分数和升学率至上，应试教育发展如火如荼；为了提高学校管理的效率，教育管理方面以高度规训的形式监视、驯化着一具具学生身体；学校以一系列制度化形式驱动着教师们对这种工具理性文化的认同和在学生教育教学方面的落实。教育主管部门对各中学的评价体系仍然是唯成绩、唯升学率，在这些压力之下，先天不足的乡镇学校费劲地不断追赶着，可是教学成绩并不理想。如今农村学校教育偏离了让学生自由而全面地发展的价值目标，追求高升学率的驱动力已经把乡村教育的传统价值观念冲击得粉碎，乡村学校已然不是村落的文化中心，而是加工应试产品的流水线工厂。

笔者以调研的 S 省 T 乡镇中学为例来说明学校的规训式管理状况。撤点并校以后，乡镇中学大多是寄宿制学校，封闭式寄宿制学校，从时间上、空间上对学生进行"全景敞式监督"，并且施以层级化的权力技术保障规训的效果。学生周一早上到学校上课，一直到周五下午五点半下课之后回家。学校有严格的作息时间，夏季作息时间是从早上6:00—7:20早自习；7:20—7:40早饭；7:40—8:00打扫卫生；8:00—8:45第一节课；8:55—9:40第二节课；9:40—10:10课间操；10:10—10:55第三节课；11:05—11:50第四节课；下午 2:00—2:45第五节课；2:55—3:40第六节课；3:50—4:35第七节课；4:35—4:55眼保健操时间；4:55—5:40第八节课；晚上 6:00—7:00第一节晚自习；7:10—8:10第二节晚自习；8:20—9:20第三节晚自习。冬季作息时间表是 6:30—7:20早自习；7:20—7:40早饭；7:40—8:00打扫卫生；8:00—8:45第一节课；8:55—9:40第二节课；9:40—10:10课间操；10:10—10:55第三节课；11:05—11:50第四节课；12:20—下午1:50午自习；下午 2:00—2:45第五节课；2:55—3:40第六节课；3:50—4:35第七节课；4:35—4:55眼保健操时间；4:55—5:40第八节课；晚上 6:00—7:00第一节晚自习；7:10—8:10第二节晚自习；8:20—9:20第三节晚自习。学校对宿舍卫生、教室卫生、午休情况、上课和上自习的纪律情况实施严格的检查，如有违反，视情节轻重给予被班主任谈话、写检讨、叫家长、回家反省等不同处理方式。作为学校，其规训手段和方法轮番上演，作用于学生，学生为了使得自己的身体或心灵免于更大的痛苦，只能选择被动服从，但实际上，很多学生对学校的管理充满了反感，多次反复之后，学生们就会选择最彻底的方式——自愿辍学，通过主动退出学校空间，宣告学校管理、教师控制的失败。

(二)乡村教师的功利主义取向

第一,乡村教师之间的竞争更加具有功利化色彩。在社会竞争环境和学校内部竞争环境的影响和推动之下,乡村教师们的竞争带有很强的功利色彩。为了能够被评为"先进工作者""优秀教师"和在晋级中胜出,教师们都狠抓自己所教学科、所教班级学生的成绩。乡村教师们着眼于能给自己带来回报的学生成绩和升学率,课上拼命灌输教材知识点,课下大肆布置机械性的作业,并以强制管理和控制的方法逼着学生配合这种教育教学模式。具体的方式有两种,其一是教育资源向"成绩好"的学生倾斜,重点培养这部分学生;其二是对那些成绩不好、对被标签化为"问题学生"的违纪行为极力打压,为成绩好的学生创造良好的学习氛围。乡村学校和教师都寄希望于更高的成绩、更好的排名,对于拉低成绩和排名的"问题学生"则不断进行的功能性改造和管理。

第二,乡村教育的教学内容与乡村生活世界逐渐疏离。当前乡村教育与生活的关系逐渐疏离,教育缺少了生活的支撑,教师的课堂教学内容缺失了"生活世界"的情境。课堂教学大肆追求学科本位和以演绎法为主的知识传授方式,剥离了教学与生活世界的关系。首先,以教材知识为主的教学内容脱离了生活世界。应试教育中,传授和接受教科书的知识是教育的第一要义,教师的课堂教学按照教材规定的知识体系和逻辑结构展开,教学的中心任务是传授教材的知识内容,学生学习的主要内容是教材知识。这种情况下,教学就成了干巴巴的知识教学,知识所赖以存在的生活情景被抽离掉了,学生们的生活体验、兴趣、反应也统统被忽视了。其次,以演绎法为主的教学内容的传达方式进一步促进了教学与学生生活世界的剥离。乡村教师们习惯于固守知识权威的姿态,以演绎法的教学方式直接把干瘪的教学内容传达给学生,很少就学生应有的必备品格和关键能力的培养做出思考和探索,学生们依据个人的抽象理解能力不同而成为教学内容的被动接受者。

(三)农村学生受教育活动功利化取向

农村学校教育的直接受益主体是农村学生,农村教育的目的就是要让农村学生成为全面发展的人。但是,受到城镇化的价值取向的影响,学生们的学习活动也染上了浓厚的功利性色彩。首先,学生们把教育当成一种可供选择的有价值的商品,以付出不同价码的择校费或者不同等级的学业表现来选择不同水平的学校教育资源,付出的价格越高或者学业表现越好就能进入更好的学校接受教育,反之,亦然。其次,学生们学习目的的功利性。学习不是出于兴趣、爱好的内在动机,而是出于"学习有用"的外在动机,认为只有学习才能够取得好成绩,顺利通过各种考试,获得相应的学历和资格证书,享受到相应的发展机会和物质利益。原本心灵和精神层面的师生交流和互动在工具理性的作用下变异了,成了各自为满足自身利益而展开的功利性互动。最后,一些学业成绩差的学生为了获得现实收益而辍学打工。"长期接受学校教育中传播的'城市文明'的影响,辍学生对生长的乡村缺乏文化认同感,不愿意回到乡村像祖辈那样务农,打工、当兵等方式就成了他们的首选。"[1]促使他们辍学打工的直接推动力就是能够早点挣钱。对这部分学生而言,他们早已经把教育的价值取向抛在脑后了,他们希望早日挣脱学校教育带给他们的束缚,而去寻求一种更具有功利主义和更为实际的现实生活。

三、乡村文化认同失衡化

"乡村文化是指在乡村社会中,以农民为主体,以乡村社会的知识结构、价值观念、乡风民俗、社会心理、行为方式为主要内容,以农民的群众性文化娱乐活动为主要形式的文化类型。"[2]乡村文化变迁是在乡村文化再生产的过程中完成的,改革开放以来,市场化力量成为推动乡村社会基础结构变化的主要力量,村庄日常生活结构发生转变,乡村文化再生产机制发生转变。[3]市场化力量作用于农村家庭、农村社区,引起了农民家庭教育结构的转型和教育实践的变化,所有这些都阻滞了传统的乡村教育观念的传播和继承,乡村文化衰落和乡村文化解体的局面导致了乡村文化认同逐渐失衡化,不利于乡村儿童的健康成长。

(一)乡村家庭教育的嬗变及其对乡村文化传承的阻滞

第一,家庭结构的嬗变不利于乡土文化的传承。城乡人口流动和婚姻家庭观念的嬗变,导致了农村家庭结构的变迁,原来以主干家庭和核心家庭为主的稳

---

[1] 徐清秀:《"读书有用论"下的辍学迷思——基于自我认同视角》,《北京社会科学》,2020年第9期,第43-54页。

[2] 赵旭东,孙笑非:《中国乡村文化的再生产——基于一种文化转型观念的再思考》,《南京农业大学学报(社会科学版)》,2017年第1期,第119-148页。

[3] 杜鹏:《转型期乡村文化治理的行动逻辑》,《求实》,2021年第2期,第79-112页。

定的结构形式变化为核心家庭、候鸟型分离家庭、隔代家庭、单亲家庭等多种形式并存的情况。费孝通在《生育制度》中提出了一个名词——双系抚育,即认为只有在一个父母双方都包括的家庭单位内才能更好地、更全面地对孩子进行家庭教育。"全盘的生活教育只能得之于包含全盘生活的社会单位,这单位在简单的社会里是一男一女的合作团体,因之,抚育作用不能由一男一女担负,有了母亲还得有一个父亲。"[①]目前广泛存在的女方留守家庭、隔代家庭、单亲家庭以及其他形式的组合家庭都不能很全面地对孩子进行家庭教育,家庭结构在社会变迁的推动之下发生了复杂的变化,那么这就意味着家庭结构所承担的情感和文化教化功能也随之弱化。核心家庭中虽然父母均在家,但是和单方或双方父母外出的家庭一样,他们也是要忙于家庭生计,常常早出晚归,和孩子沟通和交流的时间很少。孩子周末在家两天除了吃吃喝喝,大部分时间是自己上网、玩手机。单方留守的家庭中,繁重的农活和家务活使得留守一方已经疲惫不堪,没有精力考虑亲子间的交流,外出一方长期缺位,给子女的教育带来不利影响。基本上每周一次几分钟的电话,也只是问问子女的学习情况,要他(她)们听话,好好学习之类的内容,起不到真正教育的作用。对于隔代抚养家庭来说,情感抚育功能的实现更是遥不可及,祖辈注重生活上的照顾,不懂得情感方面也需要照顾,他们不会去观察孩子的心理和情感动态。如果家里没有什么事情的话,外出务工的父母一般一年回家一次,中间靠电话与子女沟通,可是电话也只能是隔靴搔痒,解决不了子女对教育的真实需求。这就改变了原有的乡村家庭所具有的提供乡土文化资源、传承乡土文化的基本功能,失去了塑造乡村儿童灵魂的潜能。没有"全息的生活教育",乡村儿童容易形成对乡土文化的片面认识,把乡土文化认定为"贫穷""落后""愚昧"的文化,不由自主地会背离自己生长的乡土社会,产生文化上的不自信。

第二,注重物质奖励的教育方式不利于乡土文化的传承。即使在学生接受学校教育的阶段,家庭教育仍然在发挥着作用。家庭教育的效果,不仅取决于教育者——主要是父母的教育动机和教育内容,在很大程度上也取决于父母的教育方式。[②] 总体而言,农村父母对孩子的管理方式普遍存在教育理念和教育行

---

① 费孝通:《乡土中国生育制度》,北京:北京大学出版社,2007年,第106页。
② 关颖:《家庭教育方式与儿童社会化》,《天津社会科学》,1994年第4期,第107页。

为不一致的特点。他们期望子女能够考上重点大学,谋得一份稳定的职业,比如医生、公务员、教师等,但是他们所采取的教育行为并不能使这种理念得到贯彻和执行。根据笔者对于学生和家长的访谈,家长对于孩子的管教方式很多都是溺爱—放任型的。溺爱是指物质生活上过分满足孩子的需要,尤其是对于留守儿童家长和隔代抚育的家长来说,总觉得家长不能陪在孩子身边,就依靠金钱、物质来满足孩子的要求,父母单方或双方在外务工,收入还是比较充裕的,只要学生一提要求他们就会满足,比如每个月的零花钱、家里装宽带买电脑。家长们想给孩子创造好的条件,只要他好好学习就行。放任则是指不去监督孩子的学习,不抽出一定的时间给孩子做思想工作,不会计划孩子时间的分配,盲目听从孩子的意思,任由其发展。结果却助长了学生们好吃懒做、独立性差、依赖性大、花钱出手阔绰、纪律性差等坏习惯。其中的原因一方面是文化程度的限制,另一方面,农村家长经济理性至上。当农村家庭面临着生计和子女教育的两难选择的时候,他们会首先选择生计。因为忙于生计,只能给孩子提供生活上的服务,至于教育就只能靠孩子自己的造化了。如果说家长对孩子有教育那也是简单、粗暴的。当孩子犯错误了,就是训斥批评,一遍遍地诉说自己为了养家的辛苦,让孩子能体谅他,好好学习,干活不易。当孩子考试进步、得了奖状了,家长们会用金钱奖励孩子,这更容易刺激孩子的物质欲,有的学生甚至想办法讲条件换父母的钱。有了一定的金钱,再加上父母又采取放任自流的教育方式,学生们就更加任性,周末他们经常三五成群地坐公交车进城,去网吧里上网打网游、在KTV里通宵唱歌、在商场里逛街买衣服、哥们几个一起下馆子吃饭,好不潇洒!家长们日常生活中的重经济利益、求富裕的观念表达和行为表现彰显了经济在当今乡村生活中的强势话语地位,传统乡村文化的一切价值在它面前都黯然失色,乡村社会独有的文化精神内涵逐渐失去。

(二)乡村社区教育的变迁加速了乡村文化认同的失衡

乡村文化的传递不仅通过家庭,也要通过乡村社区进行。在乡村社区中,众多家庭汇聚一起形成了一整套的生活方式、生活观念和价值体系,这些都对乡村儿童产生深刻的影响。所以,乡村社区教育对乡村教育意义非凡。"无论学校教育或家庭教育,均须借社会教育的补助,方能完全收功,此人所同认也。惟是学校与家庭的教育是有意识的,具几分强迫性质,社会教育是无意识的,略具放任的性质。成人与儿童,除家庭、学校及职业三种生活外,其余之时日,即在社会上费去。常人之在学校、家庭与职业三种生活中,均多少感受束缚,独在社会生活,精神较觉畅快。因此,若社会上诸般设施,无一毫教育意味,纵使学校与家庭之教育力异常伟大,亦被其打消殆尽。反之,若社会诸种设施,能凑合一般的教育理想,则在学校与家庭中,历经艰苦的训练而尚未彻底感化之任务,往往不觉间受社会之潜移默化。人性固厌闻直接的训诫,但于无意识的暗示,独喜领略。"[1]乡村社区教育是无意识的,然而却能够发挥有力的教育作用,作为乡村儿童社会生活的主要场域,在不知不觉间就可以深刻地影响和塑造他们的价值观念和行为方式。

伴随着越来越多的农村人口流动到城市,原本熟悉、和谐、稳定的乡村社区结构发生了变化,由"熟人社会"演变为"半熟人社会",而且居民以老人和孩子居多。村民之间的交流逐渐淡化、社区邻里关系逐渐淡漠,社区舆论压力逐渐降低,社区成员的娱乐活动多呈现出低俗化、金钱化、个体化和娱乐化的特征。社区里缺少了集体性文化活动,居民之间的集体性互动和交流减少,也就削弱了乡村社区对乡村儿童的人格和道德的塑造作用,乡村儿童缺乏了解乡村文化的机会,乡村儿童的生活世界逐渐被挤压。

另外,市场法则逐渐深入到乡村社区,追求金钱和更高的经济地位愈来愈成为村民衡量一切的标准,在子女受教育方面,村民的升学主义倾向十分明显,他们迫切希望子女读的大学能够带来稳定的收入和较高的社会地位。同时,他们又在一定程度上接纳"辍学",认为外出打工也可以为以后的生活打下基础。这是村民们受现实主义价值观支配的结果,在看到子女升学无望,受教育并不能带来好的结果的时候,他们就放弃了让子女继续接受教育的想法,转而支持他们外出打工。那些没有寒窗苦读,却能通过经营、技术等挣到大钱的人也进一步刺激了村民对教育价值的怀疑,使他们认识到"上学并不是唯一的出路"。

四、乡村教育价值危机

毋庸置疑,乡村教育在城镇化过程中取得了很大的发展成果,但我们也需要正视乡村教育在发展过程中出现的问题。只有正视这些问题,我们才能深入剖

---

[1] 雷通群:《教育社会学》,福州:福建教育出版社,2008年,第222-223页。

析城镇化过程中出现这些教育问题的内在逻辑以及揭示出乡村教育的价值取向与教育本质的偏离。乡村教育未能有效满足相关主体所寄予的教育信念和价值诉求,因而产生了价值危机。

(一)乡村教育公共性和功利性的价值错位

乡村教育应该具有公共性,"教育公共性是现代公共教育制度的核心理念和价值,教育公共性的功能主要有实现民族国家认同、发挥社会动员与团结力量、实现个体向上社会流动"[①]。乡村教育应该以启发乡村儿童的心智,促进他们全面发展,实现他们向上流动为基本的教育理念。但在城镇化过程中,乡村教育的公共性逐渐弱化,乡村教育在很大程度上被赋予了经济利益的取向。教育被看成是一种经济产品,有经济能力的可以选择更为优质的教育资源,反之,只能按照"就近入学"的原则接受兜底性的义务教育资源。城镇化进程中,乡村教育的功利性色彩明显,学校教育的选拔功能单一,考试中心主义的倾向和注重升学率的结果主义屏蔽了学校教育对于乡村儿童价值的多样性。乡村儿童中的绝大多数只能在以中考为首的分流考试中被置于不利地位,只有少数人能够在竞争激烈的考试中顺着教育的阶梯不断向上攀爬。那些通过升学留在城市的人,只是改变了自己和家庭的命运,对于村庄来说没有任何贡献,反而造成了村庄人才和资源的外流。那些未能实现向上流动的乡村儿童只能进入职校或者流入社会打工,徘徊在不稳定、收入低、无保障的次级劳动力市场,从而为城市化提供了大量后备军。农村教育公共性的缺失导致的少数人实现向上流动、多数人底层徘徊的社会事实说明了农村教育忽视了全面发展的目标,农村教育只是沦为了城市教育的附庸,在以城市教育目标为中心的考试竞争中,农村教育大为失利,农村家长和乡村儿童都在这种竞争中陷入了逐利的陷阱,不断承担着城镇文化、贫困恶性循环所带来的后果。

(二)乡村教育的"向城性"明显,产生"在乡性"危机

城镇化过程中,乡村教育总是亦步亦趋于城市教育的发展,乡村教育的目标是选拔功能,乡村教育的培养目标、教育内容、学校管理方式等都是城市教育的翻版,在硬件建设方面,有些乡村学校丝毫不逊色于城市学校,现代化水平颇高。

---

① 郑新蓉,王国明:《教育公共性的嬗变——也谈我国农村教育兴衰》,《妇女研究论丛》,2019年第1期,第23-32页。

然而,乡村教育仅成了城市教育的翻版,乡村教育失去了孕育自己的乡村文化的滋养功能,祛除了乡土气息,丝毫没有承担起守护乡土文化、见证乡村变迁和发展的文化责任。在发展主义策略的支配下,乡村与学校在物理上和精神上相互隔离,乡村教育与乡村建设相互脱离,各自的任务和目标相异,乡村教育并没有在乡村建设中起到坚定乡村信仰的作用,经济发展大于文化建设的立场占支配地位,乡村教育及乡村精神只能处于从属地位。乡村教育的"在乡性"的文化性发生了危机,恰恰是对乡村教育本质的否定,城市化进程中,乡村教育需要具有城市性或者现代性,但是乡村教育还是要守护乡土文化。[1] 其一,要正确认识乡村和乡土文化,二者并不是落后的代名词,而是孕育中华文明的沃土,中国是一个农业大国的现实,决定了乡土文化、乡土文明在国家发展中的重要性,乡村教育应该在国家发展中发挥传承乡土文化的重要支撑作用。其二,要正确处理好乡村教育中乡土文化与现代文化的关系。乡村教育既要传授普适性知识,也要传授乡村社会的地方性知识,既要传递现代城市文化,又要坚守乡土文化责任。城市文化和乡土文化在乡村教育发展中相互关照和相互促进。一方面乡土文化为乡村教育的发展提供了丰富内容和现实养分,乡村社会的生产生活知识、精神信仰、传统习俗、道德历史以及乡风文明都是乡村教育在服务乡村社会的过程中需要了解和把握的知识;另一方面,乡土文化为乡村教育更好地赢得乡村民众认同奠定了情感基础,乡村文化受到尊重就会在情感上增加村民对乡村社会的认同感,村民更加热爱自己的家园,更加愿意传播当地的文化,随之参与服务活动的主动性就会增强,只有这样才能引领农民从文化学习到文化自觉,再到文化觉醒,这才是乡村教育发展的题中应有之义。

第三节　陶行知之问的产生与乡村教育转向

陶行知先生较早关注了中国的乡村教育,他从当时中国的实际情况出发,在理论和实践方面做了丰富的探索。陶行知的乡村教育运动在取得一定成效的同

---

[1] 薛晓阳:《乡村学校"在乡性"的危机与应对——以"乡村文化教育"作为一种应对战略》,《陕西师范大学学报(哲学社会科学版)》,2022年第51卷第1期,第84-95页。

时,也遭遇困境,直到抗日战争全面爆发而被迫中止。

一、陶行知之问产生的社会原因与陶行知乡村教育改造

陶行知乡村教育运动的困境主要是受到当时社会条件的限制,还没能有效地开展,陶行知在艰辛的乡村教育试验的基础上总结的一整套适合中国国情和中国农村实际情况的乡村教育理论是弥足珍贵的,直到现在仍然熠熠生辉,广受赞誉。

(一)"陶行知之问"产生的社会原因

当年陶行知先生基于当时乡村教育"离农化"、城市化、工具理性化严重的现象做出判断,认为乡村教育应该要促进乡村社会的改造,这一观点突出地表现在陶行知在《我们应该向谁拜年》中的一系列反问中。"我们充饥的油盐菜米面是从那里来的,我们御寒的棉花丝绸是从那里来的,我们安居的房屋所用的木砖石瓦是从那里来的? 都是从乡下来的,都是乡下人血汗换来的,我们今天不应该下乡拜年,下乡送礼,下乡报恩吗? 我们今年不应当为乡下同胞做点事吗? 我们今生不应当花点钱,尽点心,用点力,为乡下同胞减少些痛苦,增加些幸福吗?"[1]这一系列反问既表达了陶行知先生认为乡村教育应该促进乡村社会改造的观点,又表达了他对当时乡村教育实际问题的不满。陶行知毅然决然地投身到当时的乡村教育运动中,寻求乡村教育的发展之道。

"陶行知之问"的实质是由社会力量开展的教育活动应该发挥改造农村社会的作用。不可否认,农村社会的发展"要靠人做","人的问题"要当先,唯有教育才能解决人的问题。[2] 但教育是社会系统的重要组成部分,只有依赖于从社会系统中不断获得资源,其才能存在和发展。再者,农村社会改造是一项系统工程,"需要社会各种力量通力合作,形成强大而广泛的社会支持网络"[3],单纯依靠教育的话,并不能立刻解决好。陶行知当年的乡村教育运动遇到挑战和遭遇困境的原因就在于脱离当时的社会条件而片面夸大教育的改造作用,走上了一

---

[1] 华中师范学院教育科学研究所:《陶行知全集》(第 2 卷),长沙:湖南教育出版社,1983 年,第 7 页。
[2] 梁漱溟:《梁漱溟全集》(第 2 卷),济南:山东人民出版社,2005 年,第 425 页。
[3] 徐传新:《留守儿童教育的社会支持因素分析》,《中国青年研究》,2007 年第 9 期,第 24-28 页。

条教育至上的改良主义道路。由于缺乏行政力量的主导,缺乏以农民为主体的力量源泉,缺乏市场力量的配合和支持,乡村教育运动阻碍重重,成效不大。

陶行知领导的乡村教育运动产生于二十世纪二三十年代,当时的政府与农村社会的关系是弱政府—强社会的关系,乡村教育运动主要由社会力量推动进行。陷于内乱和战争中的国民政府由于自身管理力量不强和农村行政建制不健全等原因,没有深度参与到乡村教育中。政府除了制定一定的促进社会力量参与乡村教育运动的法律、法规和政策规定外,很少参与乡村教育运动的具体活动。缺少政府力量深度介入的乡村教育运动就没有办法强化政府的公共服务责任,送教育下乡;就没有办法按照村民的意愿和需求整合农村的教育资源;就没有办法带领分散的农民建设农村。同时,由于没有国家强有力的物质资源支持,乡绅们感到没有"赢利"的来源,因而参与教育运动的积极性受到影响。陶行知的乡村教育运动主要围绕着农业生产问题展开,忽略了农民生活上的困难和需求,尽管进行了一些服务活动,但这些活动基本上也是为农业生产活动服务的,在农民生活服务方面没能形成服务体系,没有有效的服务手段,也正是因为这样,乡村教育运动没能有效调动农民群体的参与积极性。在当时的社会条件下,农村社会的社会团体、乡绅力量比较活跃,再加上一些知识分子的领导,所以乡村教育运动能够得以推动。但单靠社会力量并不能有效发挥教育对乡村社会的改造作用,这也是民国时期的乡村教育运动成效不大的重要原因。

(二)陶行知的乡村教育思想

陶行知十分重视乡村教育,他认为我们国家是农业大国,正如"教育没有农业"所述,教育便成为空洞的教育,倘若"农业没有教育",那么它"就失了促进的媒介"。新的中国"必须用教育的力量,来唤醒老农民,培养新农民,共同担负这个伟大的责任"[①]。陶行知在批判传统教育弊端的基础上,提出了自己的乡村教育思想。我们可以从乡村教育的目的、乡村教育的内容及乡村教育的方法三个方面来深入理解和把握陶行知的乡村教育思想。

1.乡村教育的目的:服务乡村社会,培养有"生活力"的学生

陶行知先是批判了传统乡村教育的弊端,认为传统乡村教育培养出来的人

---

① 华中师范学院教育科学研究所:《陶行知全集》(第2卷),长沙:湖南教育出版社,1984年,第117页。

只会读书,其他一无所能,这些人既不热爱乡村,又没有在乡村生活的技能,更不会愿意建设乡村。结果乡村与城市的发展差距越来越大,乡村落后的状况始终得不到改变。陶行知提出要对中国乡村教育实行根本改造,重新确定乡村教育的目的,中国乡村教育的根本目的应该是服务乡村社会,培养有"生活力"的学生。

陶行知认为乡村教育的目的就是为乡村建设培养人才,解决农村的实际问题。他指出:"我们教育同志,应当有一个总反省,总忏悔,总自新。我们的新使命是要一心一德地来为中国一百万个乡村创造一个新生命,叫中国一个个的乡村都有充分的新生命,合起来造成'中华民国'的伟大的新的生命。"①因为观念是行动的先导,要实现乡村教育服务于乡村社会的目的,首先要转变乡村教育中存在的"离农"思想观念,培养"为农"的教育理念。长期以来,农村教育中存在着的普遍的"离农"观念和"应试"教育思想制约着农村教育和农村社会的发展,这种教育观念带来了乡村教育的恶性循环:乡村教育所培养的人才越多,就有越多的人才离开乡村,乡村就愈加落后。因此,乡村教育必须转变观念,既不能把"离农"当成目标,也不能把"离农"当成与自己无关的事儿,陶行知呼吁必须以建设适合乡村实际生活的活教育作为乡村教育的出路和生路。"活的乡村教育,要教人生利。他要教荒山成林,教瘠地长五谷。他要教农民自立、自治、自卫。他要教乡村变为西天乐园,村民变成快乐的活神仙。"②陶行知"为农"的乡村教育目的观以改造乡村生活为宗旨,要求教师和学生都具有科学的头脑、农夫的身手、改造社会的精神、健康的体魄和艺术的兴趣,要求教师,能够扎根农村传授知识、开荒种田、能够生利,为改造乡村服务。

乡村学校是改造乡村社会生活的中心,它要以培养符合教育的根本宗旨和乡村社会发展实际的人才为目标,这个目标就是培养学生的"生活力"。"有生活力的学生,使得个人的生活力更加润泽、丰富、强健,更能抵御病痛,战胜困难,解决问题,担当责任。学校必须给学生一种生活力,使他们可以单独或共同去征服自然,改造社会。"③陶行知把学生"生活力"的培养状况作为评价乡村学校的标

---

① 华中师范学院教育科学研究所:《陶行知全集》(第1卷),长沙:湖南教育出版社,1984年,第654页。
② 胡晓风:《陶行知教育文集》,成都:四川教育出版社,2007年,第210页。
③ 华中师范学院教育科学研究所:《陶行知全集》(第1卷),长沙:湖南教育出版社,1984年,第641页。

准,"以后看学校的标准,不是校舍如何,设备如何,乃是学生生活力丰富不丰富。村中荒地都开垦了吗?荒山都造了林吗?村道已四通八达了吗?村中人人都自食其力了吗?村政已经成了村民的自有、自治、自享的活动了吗?"[1]陶行知反对没有真正"生活力"的"书呆子""田呆子""假丑恶"和"伪君子"。在陶行知看来,乡村教育的目的不是把乡村儿童培养成"人上人"或"人下人",而是把他们培养成"人中人",从人民中产生再回到人民中服务于人民,成为有"生活力"的能够改造乡村的人。

2. 乡村教育内容:生活即教育,社会即学校

陶行知针对当时中国传统教育太过于重视书本知识、脱离生活实际的弊端提出了"生活即教育"的命题。陶行知认为传统教育是"教人劳心而不劳力,它不教劳力者劳心,……教人升官发财。"生活教育是"只教中国的民众起来做主人,做自己的主人,做政府的主人,做机器的主人。它教人要在劳力上劳心。即使有人出来做官,它是要来服侍农人和工人"[2]。在此基础上,陶行知提出了"生活即教育"的内涵。1927年,陶行知在《生活即教育》一文中解释生活即教育,就是要"把天理与人欲打成一片"。1934年陶行知在《生活教育》一文中对生活教育下了定义:"生活教育是生活所原有、生活所自营、生活所必需的教育","教育的根本意义是生活之变化,生活无时不变即生活无时不含有教育的意义。因此,可以说,'生活即教育'"[3],"从意义上说,生活教育是给生活以教育,用生活来教育,为生活向前向上的需要而教育。从生活与教育的关系上说,是生活决定教育。从效用上说,教育要通过生活才能发出力量而成为真正的教育"[4]。陶行知进一步说明了生活教育的六大特质——生活的、行动的、大众的、前进的、世界的、有历史联系的,陶行知坚信生活教育必定能够发出伟大的力量,帮助国人打倒日本帝国主义,帮助中国创造一个自由平等的新中国,并帮助创造一个自由平等的新世界。陶行知的生活教育理论启示教育与社会生活紧密相连,教育来源于生活,

---

[1] 华中师范学院教育科学研究所:《陶行知全集》(第1卷),长沙:湖南教育出版社,1984年,第653-654页。
[2] 华中师范学院教育科学研究所:《陶行知全集》(第2卷),长沙:湖南教育出版社,1984年,第733-734页。
[3] 同上,第633页。
[4] 华中师范学院教育科学研究所:《陶行知全集》(第5卷),长沙:湖南教育出版社,1984年,第476页。

教育要为社会生活服务,社会生活为教育提供教育内容、教育方法和教育资源,教育只有与社会生活相结合才能成为真正的教育。

"社会即学校"既是对杜威的"学校即社会"理论的批判继承,又是对"生活即教育"的延伸。[1] 陶行知认为"'学校即社会'就好像把一只活泼的鸟从天空里提来在笼里一样。它要以一个小的学校去把社会所有的一切东西都吸收过来,所以容易弄假。'社会即学校'则不然,它是要把笼中的小鸟放到天空中使它能任意翱翔,是要把学校的一切都伸张到大自然里去。"[2] 随后,陶行知又解释了以"社会即学校"的原则代替"学校即社会"原则的原因:"在'学校即社会'的主张下,学校里面的东西太少,不如反过来主张'社会即学校',教育的材料,教育的方法,教育的工具,教育的环境,都可以大大增加,学生、先生也可以更多起来。因为在这种办法下,不论校内校外的人都可以做师生的。'学校即社会'一切都减少,校外有经验的农夫,就没有人愿去领教;校内有价值的活动,外人也不得受益。"[3] 陶行知的"社会即学校"理论要求学校与社会密切相连,扩大学校对社会生活的积极影响,扩大教育的范围、教育内容和教育对象,把整个社会当成学校,以实际社会生活为教材,使广大劳苦大众都能享有受教育的机会。

3. 乡村教育方法:教学做合一

实现"生活即教育""社会即学校"的方法是"教学做合一"。陶行知的"教学做合一"思想经历了从批判"教学分离"到主张"教学合一"再到倡导"教学做合一"的演变过程。1917 年,陶行知归国,看到了中国教育中普遍存在着"教师只管教,学生只管受教"的情形,他认为此种情形下,教师只是会教书本知识的人,教师的教掩盖了学生的学,对教师教的过度重视造成了教与学的分离,其后果是教师的独特作用没能得到发挥,学生的主体性和创造性也受到压抑。因此,陶行知提出了"教学合一"的教学法,把教师的"教"和学生的"学"统一起来,对学生的主体地位高度重视。1922 年,陶行知将"做"加入了"教学合一"的思想中,于1925 年提出了"教学做合一"的思想,并于 1926 年在《中国师范教育建设论》中

---

[1] 何国华:《陶行知"生活教育"理论及其现实意义——纪念"生活教育运动"创办六十周年》,《教育论丛》,1987 年第 6 期,第 50 页。

[2] 华中师范学院教育科学研究所:《陶行知全集》(第 2 卷),长沙:湖南教育出版社,1984 年,第 182 页。

[3] 同上,第 201 页。

对"教学做合一"的思想进行了系统论述。"教学做合一"的思想更加尊重了学生的主体性,强调了教、学与做和生活的联系,是"生活即教育"的具体体现。

其一,"教学做合一"是生活法。陶行知认为,"在生活里,对事说是做,对己之长进说是学,对人之影响说是教。教学做只是一种生活之三方面,而不是三个各不相谋的过程。"①因为人们的社会生活是实践活动的总和,个人进行的社会实践活动同时也是影响他人的活动,这种影响对于自己而言是学,是自身素质和能力提高的过程,而对于他人而言则是教,是对他人产生影响的过程。因此,可以说,只要有人类的社会生活就有"教学做合一","教学做合一"是人类社会生活的基本法则,"教学做合一"反映了生活与教育之间的本质联系,是"生活即教育"思想的体现。

其二,"教学做合一"是根本的教育法。"教学做合一是生活法,也就是教育法。它的涵义是:教的方法根据学的方法;学的方法根据做的方法。事怎样做便怎样学,怎样学便怎样教。教与学都以做为中心,在做上教的是先生,在做上学的是学生。"②"教学做合一"界定了教师和学生之间的关系,教师和学生没有外在的身份区别,只有内在的"做"的真理掌握与否的区别,只有在理清二者关系的基础上,才能谈具体的教育方法,因而,"教学做合一"是诸种教育法的依据和原则,是根本的教育法。

陶行知认为只有坚持"教学做合一"的教学方法,才能培养出同时具有"科学的头脑"、"改造社会的精神"和"农夫的身手"的合格的师范生。在乡村教育试验中,陶行知就十分注重提高教师和学生的动手能力,让他们自己耕种田园,开垦荒山,建造茅草屋,每位教师和学生都要参加这些社会实践活动。教师不能仅教书,学生不能仅仅读书,他们要"共同创造一个学校"。

二、乡村教育价值重构与乡村教育转向

改革开放四十多年来,我国农村和乡村教育均获得长足发展,但仍存在发展相对滞后的现象,为了更好地改变这种局面,促进乡村发展,中央推出了以"产业

---

① 陶行知:《陶行知全集》(第2卷),成都:四川教育出版社,2009年,第528页。
② 同前页③,第528页。

兴旺、生态宜居、乡风文明、治理有效、生活富裕"为总要求的乡村振兴战略,在实施该项战略的过程中,乡村教育要服务于乡村社会,还要大有作为,为乡村振兴注入更多的发展动能。陶行知乡村教育思想作为乡村教育理论和实践经验的结晶,是指导乡村教育的宝贵财富,对于当前乡村振兴视阈下的乡村教育振兴具有很强的指导意义。

评判乡村教育活动合理性的依据是伦理意义和价值尺度。以陶行知乡村教育思想为指导发展新时期的乡村教育,就要首先实现乡村教育的价值转向,乡村教育价值转向是回答新时期乡村教育为什么得到发展的问题,是乡村振兴背景下乡村教育发展实践的起点。对于乡村振兴战略下的乡村教育的价值转向就要在坚持"推动义务教育优质均衡发展和城乡一体化"的理念之下,促进乡村教育"育人转向""融合转向"和"共生转向"。

(一)育人转向

陶行知乡村教育思想为打破传统乡村教育与乡村社会需求脱节的桎梏,强化乡村教育育人意识,提供了育人方案和育人范式。陶行知乡村教育思想的根本宗旨是"培养具有生活力、自动力和创造力及'常能'的'真善美的活人'"[1],乡村教育培养的学生应该惠利于民,反哺乡村社会,只有这样"才不至于把乡下看成人生不如意的避世之所,把乡村看成城市一个华而不实的点缀之处"[2]。

反观之前的乡村教育人才培养观,受城市中心主义和功利化的价值导向的裹挟,一味重视升学率和考试成绩,学校成为升学竞争、培养"刷题机器"的培训机构,失去了部分育人功能,乡村基础教育放弃了育人树人、培养学生人生底色的功能。因此,乡村教育作为一种重要的基础教育形式,应该超越功利主义价值导向,打破唯升学主义思想和"离农"思想的束缚,回归育人本质,走向重视乡村学生成长的生活世界教育。这首先要求乡村教育的相关主体转变固有的"唯升学率"和"知识改变命运"的人才培养观念,形成独具特色的乡村教育评价体系,构建乡村教育的良性生态。其次,乡村教育系统应该厘清乡村学生成长的助力和阻力,营造有利于培养其生活力的环境,使其热爱乡土社会,并致力于乡土社会的改造和发展事业。最后,乡村教育还需要把自身独特的育人价值

---

[1] 周洪宇:《核心素养的中国表述:陶行知的"三力论"和"常能论"》,《华东师范大学学报(教育科学版)》,2017年第1期,第1—10页。

[2] 徐莹晖、徐志辉:《陶行知论乡村教育》,成都:四川出版社,2010年,第184页。

置于城乡义务教育一体化发展的体系内重新界定和再度发展。这是新时期乡村教育发展应有的站位和思考,如此才能换来乡村教育在新时代的整体跃升,避免最终给乡村教育带来的只是修修补补。在城乡一体化发展的基础教育育人体系中,要赋予乡村教育的育人价值及实现方式以前所未有的新机遇,这样才能带来丰富的育人资源。

(二)融合转向

乡村教育在过去九十多年的发展历程中,并没有与乡村社会建立有机联系,而是主要"悬浮"于乡村社会之上,乡村教育与乡村社会之间始终存在一定的"缝隙"。二十世纪初,新式学堂的植入使得乡村教育开始脱离乡村社会,学堂的知识与乡村社会发展无关,学堂的学生对乡村社会的自然环境和社区发展漠不关心;建国后,国家现代化建设的一系列政策又进一步导致了乡村教育与乡村社会的割裂;改革开放以来,在市场主义逻辑的主导下,乡村教育亦步亦趋于城市教育的发展,进一步"悬浮"于乡村社会。乡村教育与乡村社会的"割裂"对乡村教育的发展和乡村社会的发展都带来很大的"伤害",一方面,乡村教育失去了乡村文化与自然资源的滋养,发展动力不足;另一方面,造成了乡村社会中人与自然、人与社区、人与他人甚至人与自我关系的分割,乡村社会发展阻力重重。

陶行知以"生活即教育""社会即学校"为主要内容的乡村教育思想启迪我们要在乡村社区和乡村学校之间建立密切的、有机的联系,二者相互融合,彼此都能获得更好地发展。其一,乡村社区知识可以被挖掘和利用,为乡村教育提供文化支撑:一是乡村社区的生产生活知识可以为乡村学校教育所用,以拓展和加深乡村学生的文化认知,使农村学生对"生于斯、长于斯"的农村社区的生产生活方式形成全新的认识和深刻体验;二是农村家长的认知风格、文化背景和语言习惯都反映了特定农村社区的文化状况,乡村教师通过与农村家长的交流可以捕捉到乡村社区文化,并促进自身专业发展;三是乡村学校还可以利用农村社区的自然景观、传统文化和工艺器具等方面的文化资源开展学校教育特色课程和校外活动项目。① 其二,乡村教育可以在乡村发展和振兴中发挥主导的服务作用,乡

---

① 徐清秀:《农村家长参与学校教育低迷的原因及疏解——地方性知识的视角》,《中国教育学刊》,2021年第9期,第50-55页。

村教育为乡村振兴提供人才保障和智力支撑;[1]可以为农村振兴塑造良好文化环境;[2]可以担当起乡村伦理重建的责任,以弥补城市化的后果。[3]

(三)共生转向

"共生"一词最早由德国真菌学家德贝里于1879年提出,指不同生物生存在一起的密切互利的关系[4],后经国内外多学科学者推广到多个领域。在教育领域,孙杰远认为我们走自然与人文共生之路以实现人与自然、人与文化、文化与文化的和谐共生;[5]吴晓蓉分析了教育过程中个体与自然、社会、文化及自身实现共处并自然地协调了各种关系时,教育才能达到共生状态。[6] 综合学者的研究成果,共生理论主要揭示了三个方面的关系:一是局部与整体之间的共生关系;二是整体与外部环境的共生关系;三是整体内部主体间的共生关系。[7] 具体到陶行知"教学做合一"的乡村教育教学方法,是教学过程中教、学、做三个方面的统一,乡村教育的教学过程就是这三个方面在融合中共生共长的过程。因而,是否促进或达成教、学、做之间的"共生"就成为新时期乡村教育发展的最高标准和境界。

教师和学生是乡村教育共生教学的实施者,是处理教学过程中各种教学关系的理解者。乡村教育共生教学的实现需要发挥教师、学生的教学自主性和构建课堂教学—校内实践—校外实践共生的育人体系。一方面,充分发挥教师和学生开展共生教学的自主性。教师要认真思考,仔细研读共生教学的要求,把握乡村教育的特点,制定出符合乡村学生实际的、体现乡村教育特色的、可操作的教学目标;教师要不断在教育过程中反思自己的教学方法,反思自己的教学有无体现乡村文化,反思自己的教学有无关注乡村学生的文化背景,反思自己的教学有无"过度讲授"的状况;教师要尊重乡村学生的自主学习需求,选择适合乡村学

---

[1] 杜育红,杨小敏:《乡村振兴:作为战略支撑的乡村教育及其发展路径》,《华南师范大学学报(社会科学版)》,2018年第2期,第76-81页。
[2] 邬志辉,任永泽:《精神培育:新农村建设背景下农村教育的使命》,《东北师大学报(哲学社会科学版)》,2008年第2期,第13-17页。
[3] 薛晓阳:《乡村伦理重建:农村教育的道德反思》,《教育研究与实验》,2016年第2期,第8-15页。
[4] DeBary:Die Erscheinung der Symbiose,Privately Printed,1879年,第1-30页。
[5] 孙杰远:《论自然与人文共生教育》,《教育研究》,2010年第12期,第51-55页。
[6] 吴晓蓉:《共生理论观照下的教育范式》,《教育研究》,2011年第1期,第50-54页。
[7] 朱成晨:《农村职业教育发展的共生逻辑:结构与形态》,《华东师范大学学报(教育科学版)》,2022年第7期,第58-68页。

生接受能力的教学内容,关注学生内部差异,引导学生自主学习。学生要对教学内容进行认真思考、深度反思、系统掌握;依据自身的生活经历、接受能力、学习兴趣制定出适合自己的、适度的、适量的学习任务,开展共生教学的自主学习。另一方面,构建乡村教育课堂教学—校内实践—校外实践"三位一体"的育人体系。课堂教学是共生教学的基础,打造以培养学生的实践能力为核心的课堂教学体系,引导学生做中学,形成理论联系实际的教学育人平台;校内实践是共生教学的载体,学校通过开展包括文化知识、艺术、科技创新、体育活动、综合学习等在内的实践活动,践行"教学做合一"的人才培养模式;校外实践是共生教学的实践基地,建立乡村学校与乡村社区的有机联系,充分利用乡村地方资源,搭建社会实践育人平台。

第七章　新陶行知运动与新时代乡村教育振兴

乡村振兴战略离不开乡村教育的振兴,乡村振兴离不开乡村教育的良好发展,乡村教育的良好发展离不开乡村教师培养和乡村师资队伍建设。教育部等五部门 2018 年印发的《教师教育振兴行动计划(2018—2022 年)》中主要措施之一是强调"乡村教师素质提升行动",要求"各省、自治区、直辖市要因地制宜提出符合本地实际的实施办法"。[①]

第一节　新时代呼唤新陶行知

2017 年,习近平总书记在党的十九大报告中首提"乡村振兴战略",并强调把教育摆在优先发展的战略位置;翌年,《关于实施乡村振兴战略的意见》[②]和《乡村振兴战略规划(2018-2022 年)》[③]相继出台,明确指出"优先发展农村教育事业"。

一、新时代乡村教育振兴政策落地

乡村教育振兴是一个系统工程,有赖于完善的政策支持与相关配套实施方

[①] 李锋,史东芳:《陶行知乡村教师本土化培养思想及现实价值》,《教育学术月刊》,2020 年第 2 期,第 3-9 页。
[②] 《中共中央国务院关于实施乡村振兴战略的意见》,新华网,2018-02-04。
[③] 《中共中央国务院印发〈乡村振兴战略规划(2018—2022 年)〉》,2018-9-26。

案的保障。乡村教育振兴政策在实践中成效显著,但依然存在诸多问题,为了推进乡村振兴的全面展开,需要重点治理当前的"弱项"。

(一)政策制定

当历史的车轮缓缓驶入新时代,变了的是我国社会主要矛盾,变了的是处在全新发展历史方位下的目标和使命——实现"两个一百年"奋斗目标,但不变的是党继承发扬重视乡村教育发展这一优良传统,给予乡村教育发展和人民福祉以持续关照和政策保障。

随着脱贫攻坚战的完美收官,我国全面建成小康社会,第一个百年目标得以如期实现。为实现第二个百年目标,2021年中共中央、国务院下发的两个文件——《关于全面推进乡村振兴加快农业农村现代化的意见》[1]和《关于加快推进乡村人才振兴的意见》[2]就教育如何赋能乡村振兴明确了方向。文件强调要提高农村教育质量,并对乡村人才的规模、素质和结构作出要求,实现了乡村教育振兴的战略升级。

我国以农业立国,在城乡二元经济结构深远影响与城镇化进程强力冲击下,乡村教育逐渐趋于式微,[3]被看作是中国教育的"神经末梢"和薄弱环节,而现代化的核心在于人,关键在于人才培养,因此振兴乡村教育是推进教育现代化,进而建设教育强国的重中之重。教育学界在这一点上达成共识,以政策为指引开启了乡村教育振兴的研究浪潮。

(二)政策实施的反思

要想引发乡村教育的变革与振兴,仅停留在政策的倡导层面显然不够,还需关注并分析实践层面的落实情况,以便为接下来的政策修订与完善提供事实依据。而公共政策是一个政府选择要做的任何事,或者它选择不去做的任何事,[4]政策的执行牵涉多方利益主体,因此乡村教育振兴政策的推行与

---

[1] 《中共中央国务院关于全面推进乡村振兴加快农业农村现代化的意见》,《人民日报》,2021年2月22日,第3版。

[2] 《中共中央办公厅国务院办公厅印发〈关于加快推进乡村人才振兴的意见〉》,《中华人民共和国国务院公报》,2021年第7期,第22-28页。

[3] 解光穆,谢波:《乡村教师队伍支持政策精准落地讨论三题》,《教育发展研究》,2017年第10期,第8-13页。

[4] 托马斯·R·戴伊:《理解公共政策》,谢明,译,北京:中国人民大学出版社,2010年,第3页。

实施并非一蹴而就,其中政策距离和参与决定了政策落地的程度。① 这一观点得到了国内不少学者的支持,例如有学者在总结乡村教育振兴政策在新发展阶段的经验时,指出乡村教育振兴在脱贫阶段所取得的丰硕成果不仅仅是政策的倾斜帮扶和体制机制的完善,更重要的是通过自上而下的行政动力和自下而上的群众认同,形成了对教育作用的广泛社会认知,在文化的层面形成了乡村教育发展的双向内生动力。② 同时,笔者对上述学者观点中所隐含的逻辑表示赞同,即推动乡村教育振兴的战略升级建立在打赢教育脱贫攻坚战的基础之上。一言以蔽之,教育脱贫是首要任务,其成果是检验乡村教育振兴政策落实情况的试金石。

值得欣喜的是,在脱贫阶段,我国从学段、教育类别、教育帮扶、师资建设等多维度实现了对乡村教育的全面政策覆盖,建立起了全方位的乡村教育政策体系。③ 各地也出台了一系列配套政策,以确保政策执行,达成脱贫阶段既定的政策目标,即"发展教育脱贫一批",开对"药方子",拔掉"穷根子"。④ 具体而言,在学段方面,成果涵盖从学前到高中各个阶段教育。以义务教育阶段为例,九年义务教育巩固率达 94.8%,实现了"人人有学上",99.8%的义务教育学校办学条件达到"20 条底线"要求,95.3%的县级地区实现义务教育基本均衡,20 万建档立卡辍学贫困生实现动态清零,以上数据说明这一阶段义务教育控辍保学和办学条件改善成果显著。⑤ 在教育类别方面,"授人以鱼,不如授人以渔"。职业教育能够在提升基本文化素质的基础上,培养学生的一技之长,使其拥有直接面向就业岗位的资本,因而发展职业教育在脱贫阶段的优势最为明显。在这一政策引导下,新疆生产建设兵团逐年增加职业院校招生计划,稳步扩大职业教育覆盖面,健全职业教育学生资助体系,实现东部省市对口帮扶兵团职业学校全覆盖等。⑥ 在教育帮扶方面,注重精准扶贫,靶向治疗。例如,四川省少数民族地区

---

① 李华胤:《政策落地:探索村民自治基本单元的现实因素》,《西北农林科技大学学报(社会科学版)》,2016 年第 16 卷第 3 期,第 26—31 页。
② 刘复兴,曹宇新:《新发展阶段的乡村教育振兴:经验基础、现实挑战与政策建议》,《西北师大学报(社会科学版)》,2022 年第 59 卷第 1 期,第 41—49 页。
③ 同②。
④ 习近平在中央扶贫开发工作会议上发表重要讲话(scio.gov.cn),新华网,2015-11-28。
⑤ 张烁:《教育公平托举民族未来》,《通辽日报》,2021-03-07,第 3 版。
⑥ 新疆生产建设兵团积极构建职业教育扶贫工作体系打好教育脱贫攻坚战. http://www.moe.gov.cn/jyb_xwfb/s6192/s222/moe_1767/202001/t20200117_415809.html。

通过入校诊断摸清需求，制定"一对一"帮扶方案，实施"一校一法"帮扶良方，推出"一课一研"的提升路径，充分落实"点对点"帮扶行动①。

然而，值得反思的是，要想实现乡村教育振兴在脱贫阶段与新发展阶段的有效衔接，推动其上升到新的高度，我们需要以更加犀利的眼光和严苛的标准对待此前取得的成就，需要具备敢于揭露不足的勇气与魄力，此不足集中体现在乡村教师队伍建设方面。自党的十八大以来，以习近平同志为核心的党中央将教师队伍建设摆在突出位置，作出一系列重大决策部署，例如，2015年6月，中共中央、国务院出台《乡村教师支持计划(2015—2020年)》②，全面部署了乡村教师队伍建设工作，根据第二阶段目标，到2020年，造就一支素质优良、甘于奉献、扎根乡村的教师队伍。2018年1月20日，国务院颁布了《关于全面深化新时代教师队伍建设改革的意见》③，提出要"坚持兴国必先强师，深刻认识教师队伍建设的重要意义和总体要求"，大力提升乡村教师待遇，深入实施乡村教师支持计划，关心乡村教师生活。各地区各部门和各级各类学校采取措施认真贯彻落实政策要求，教师队伍建设取得显著成就。但笔者通过调查研究与综合分析，发现目前的成效具有鲜明的区域性，城乡与东西部差异显著，面对新方位、新征程、新使命，乡村教师队伍建设还不能完全适应。具体而言，我国乡村教师存在着数量短缺、流失严重、队伍老龄化、能力不足、负担繁重等诸多问题，严重影响着乡村教育事业的振兴，④乡村教师队伍建设的实际情况不容乐观。

通过教育培养高质量的人才就是在促进乡村的振兴，因此构建一批强有力的教师队伍则是乡村教育事业振兴的基石，乡村教师支持计划一直是乡村教育振兴政策中最具活力的有机组成部分，如何助推乡村教师队伍从"绊脚石"转变为"基石"成为下一步乡村教育振兴工作的重点。

---

① 四川省"一县一策"创新探索"定制式"民族地区教育扶贫模式. https://www.sohu.com/a/333928325_428290。

② 国务院办公厅关于印发乡村教师支持计划(2015—2020年)的通知_政府信息公开专栏. http://www.gov.cn/zhengce/content/2015-06/08/content_9833.htm。

③《中共中央国务院关于全面深化新时代教师队伍建设改革的意见》，人民日报，2018-02-01，第1版。

④ 庞丽娟，金志峰，杨小敏：《新时期乡村教师队伍建设政策研究》，《中国行政管理》，2017年第5期，第109-113页。

二、新时代呼唤扎根乡村教育的"大先生"

对乡村教师队伍如何由"绊脚石"向"基石"转变这一问题的回应就是培养教师具有"大先生"的品质,使其"下得去""教得好""留得住",从而扎根乡村教育事业,成为振兴乡村教育事业的中流砥柱。

(一)"大先生"的提出与内涵

"古之学者必有师。师者,所以传道授业解惑也。"这是大众对于人民教师的第一印象——三尺讲台前的"教书匠",但在"立德树人"的大背景下,教师不仅要教授学生文化知识,而且还承担着塑造学生良好品格、品行和品质的重要使命。早在 2014 年,习近平总书记就提出教师应争做有理想信念、有道德情操、有扎实学识、有仁爱之心的"四有"好教师。2016 年 12 月,在全国高校思想政治工作会议上,习近平总书记又指出,教师应做培养学生高尚品格、良好品行和高雅品位的"大先生"。

何谓"大先生"?成为"大先生"应当具备怎样的资质?笔者认为大先生首先要有超然的格局与情怀。尤其对于乡村教师而言,教师要将家国情怀融入教育事业中,明白教育事业之于民族发展与富强的重要意义,意识到自己在乡村教育振兴中的使命与担当;其次,教师要发自内心地热爱教育事业,淡泊名利,甘于清贫,尽管乡村教师的待遇也在不断提高,但保持对教书育人的热忱正是扎根乡村教育事业的内在动力来源,没有爱就没有教育,爱是教育事业的灵魂。最后,"大先生"还应需要扎实的学识和本领。振兴乡村教育,扶贫必先扶智,所谓"打铁还需自身硬"。乡村教师要贯彻终身学习的理念,具备信息素养,顺应时代潮流,不断扩大并更新自身知识储备,搭建新知识与学生校内生活的"桥梁",畅通乡村学生,尤其是贫困山区学生信息获取的渠道。

(二)"新陶行知"运动与"大先生"

"捧着一颗心来,不带半根草去",秉持着这一信念,顺应新时代乡村教育发展要求的"新陶行知"运动在 2013 年得到了教育部的认可,而后蓬勃发展。"新陶行知"运动的首创者童富勇在接受访谈时,提到"新陶行知"运动是对陶行知教育思想和精神的继承、实践和创新。该项目的重点在于通过乡村教师培训计划,切实提高乡村教师的综合素质,让其不仅"会教",更要"乐教",以此达到乡村教育振兴的目的,继而反哺美丽乡村建设,实现乡村振兴的伟大目标。

梁漱溟认为:"数十年来,与乡村社会不切合的西式学校教育,是专门诱致乡人于城市,提高他们的欲望而毁灭他们的能力。"[①]陶行知也发出同样的感慨:"中国乡村教育走错了路!他教人离开乡下向城里跑,他教人吃饭不种稻,穿衣不种棉……"[②]因此,乡村振兴不仅需要能够扎根乡村教育的教师,还需要教师以身作则地把"八大精神"[③]传递给学生,让"大先生"培养出既能够"走出去"又能"回得来",具有深切乡愁情感的"小先生"。

小先生教邻居小孩读书

第二节　以陶为师与新时代乡村教育振兴

陶行知在推广平民教育运动的过程中,逐渐意识到了教育之于普通民众的重要意义,着力改变平民教育运动由高级知识分子和官宦主导的局面,于是他把目光转向了教育空间更加广袤的农村,开始了更加艰苦的乡村教育改造尝试。陶行知乡村教育建设理念也随着教育实践的成熟,发展为系统化、理论化的乡村教育改造思想体系。

---

① 马秋帆:《梁漱溟教育论著选》,北京:人民教育出版社,1994年,第42页。
② 华中师范学院教育科学研究所:《陶行知全集》(第1卷),长沙:湖南教育出版社,1983年,第653页。
③ 朱倩倩:《培养新时代的"新陶行知",助力中国乡村振兴——访杭州师范大学教育学院院长、浙派名师研究院院长童富勇》,《生活教育》,2018年第5期,第5-8页。

一、陶行知乡村教育改造思想的新时代价值

陶行知先生毕生从事教育理论和实践的研究。他师从杜威,学成归国后,为探索中国教育出路,基于个人求学和教育实践的经历,形成了一套独具特色的教育思想体系。将近一个世纪过去了,他的教育思想经受住了时间和实践的考验,不但没有随着时代的前行而褪色,反而历久弥新,在新时期闪烁着更加耀眼的光芒,展现出较强的先进性和实用性,因而能够在新的时期给予我们新的启示,其中乡村教育改造思想对于新时代乡村教育振兴有着重大的借鉴意义。

(一)经典思想之回顾

这一思想的精髓可以总结为"三大论",即乡村教育决定论、乡村教育生活论和乡村教育师范论。[1] 乡村教育决定论,从价值层面上肯定了乡村教育之于社会变革和民族复兴的重要意义,主张乡村教育是改造国民的根本,乡村学校是改造乡村生活的中心;乡村教育生活论,从方法层面上指出"教学做合一"是改造乡村教育的根本方法,要以农村生活内容为源泉办教育,同时借助伟大势力,携手合作建设乡村;乡村教育师范论从人的角度出发,指出乡村教育的核心是乡村教师。教师"要教人生利",教农民"自立、自治、自卫"。活的乡村教师应当做改造乡村生活的灵魂,同时提出了活的乡村教师的标准。

要论其改造思想中最为核心的部分,那便是乡村教育师范论,即乡村教师的改造。通过梳理陶行知在1926年前后发表的文章可知,乡村教育改造的要点大致有如下几条:乡村学校做改造乡村生活的中心,乡村教师做改造乡村生活的灵魂;好的乡村教师的标准是"有农夫的身手、科学的头脑和改造社会的精神";评价好的乡村教师的标准在于:教师所到之处,每年都有成效,如"一年能使学校气象生动",而"二年能使社会信仰教育",以及"三年能使科学农业著效"等,"十年能使荒山成林",使"废人生利",以"小先生制"和"艺友制"培养乡村教师。

由此可见,改造乡村的中心工作是改造学校,改造乡村教育,[2]具体落实在乡村教师改造上。而且陶行知所讲的乡村教师改造,不仅面向乡村学校教育,而

---

[1] 董春华:《陶行知乡村教育思想对当代农村教育的启示》,《教育探索》,2012年第8期,第7-8页。
[2] 王文岭:《陶行知乡村教育改造思想述论》,《南京晓庄学院学报》,2016年第4期,第6-9页。

且面向乡村民众教育,要担负起整个乡村的教育。正如同他曾誓言的那样,要筹募一百万元基金,征集一百万位同志,提倡一百万所学校,改造一百万个乡村。

(二)时代价值之新探

首先,高度重视乡村教育的重要性。与早期探索救国道路的教育家一样,陶行知寄希望于教育事业,他立足我国国情,强调乡村教育是中国教育的根本、乡村教育的改造是中国未来教育的出路、乡村学校是乡村教育的中心等。时至今日,随着城市化进程的加快,乡村教育,乃至整个乡村社会处在凋敝的边缘,乡村振兴亟须重点推进,因此我们从不否认以上观点的价值,但是处在新的历史时期,我们要用批判的眼光辩证看待,推进乡村教育事业振兴的同时,又不应神化乡村教育的价值和夸大乡村学校的功用。教育具有独立性,乡村教育也如此,乡村学校有其自身的使命。

其次,创新探索乡村教育改造的方式。陶行知提出"社会即学校,生活即教育,教学做合一"。他把学校的范围扩大了,乡村学校不再只是围墙里的狭小天地,而是整个乡村社会,在这样的环境下,学生的学习不必拘泥于校园与课堂,加之乡村生活的教育资源极为丰富,学生拥有了走向田园,亲身经历,动手探索的机会。但如今,中国当前主流的教育研究患上了城市病,忽视乡村学校的实际运行状况,[1]似乎教育"城市化"就是好的,"乡土化"就会受到排斥,这种错误的观念致使许多乡村学校办学城镇化倾向突出,教育内容和方式已无丝毫乡土气息。陶行知的乡村教育改造思想如同一面镜子,反映出了教育研究和实践中积存已久的弊病。此外,他认为银行、科学机关、卫生机关尤其应与农业携手。陶行知倡导乡村教育与"伟大势力"结合的思想在如今的教育实践中也得到了广泛应用。

最后,严格要求乡村教师的素质与标准。百年大计,教育为本,教育大计,教师为本。他提出好的乡村教师应有"农夫的身手、科学的头脑和改造社会的精神",要能和农民打成一片,先"农民化"才能"化农民"。因此,陶行知十分重视乡村教师的培训,教师不要认为,把师范学校搬到乡下去,就是乡村师范学校了,"不能训练学生改造眼前的乡村生活",它"决不是真正的乡村师范学校"。在他

---

[1] 梁淑美,司洪昌:《对陶行知乡村教育思想的评述与反思》,《国家教育行政学院学报》,2009年第11期,第49-54页。

看来,真正的乡村师范学校,就是要"充分运用乡村环境"训练师范生。① 正如上文所述,新时代的乡村教师不仅要有过硬的本领,更要有扎根乡村教育事业的情怀和振兴乡村教育事业、治理乡村社会的责任感和使命感,真真切切为学生着想。

二、以陶为师,推进乡村教育振兴

虽然我们不能苛求前人为我们乡村教育的问题找到解决的方案,但是或许可以从之前的实践经验中汲取有利于乡村教育成长的养分。

第一,重视乡村教育事业发展,厘清乡村教育的目标及功能定位。尽管新闻媒体频频爆出清北学子放弃一线城市就业机会,回乡建设家乡等新闻,但这毕竟是少数人的缩影,不能描绘全貌。现实情况是教育观念的功利化导致相当一部分优秀的农村学生学成后,选择留在城市工作,很少有农村高才生回乡建设家乡,这已成为不可逆转的趋势。因此,乡村教育的目标要体现乡土情结,应定位于为乡村建设培养人才,要以解决乡村的实际问题为教育的出发点,体现乡村教育为"三农"服务的实效性,与此同时,善用激励机制,提高乡村建设人员的待遇和社会地位,以此激发农村学子回乡建设乡村事业的乡愁情怀,切实将人口负担转化为人力资源优势。② 只有找准了方向,才能推进乡村教育事业的振兴。

第二,挖掘课程资源,办好"活教育"。陶行知提出,"过什么样的生活便受什么样的教育","活的乡村教育要用环境里的活势力"。乡村学校在教育内容上应该坚定乡土化导向,善于利用有利的地域环境和条件,挖掘课程资源,开发校本课程,融入与农业生产和农村生活紧密相连的知识,尤其在倡导劳动教育进校园的今天,农村学校在唤醒学生劳动意识、锻炼学生劳动技能以及培养学生劳动素养等方面有着天然优势,可以创办劳动教育实践基地,聘请生产能手、种植大户到学校教授劳动技能课程,为培养科技型农民服务等。③ 这也是"教学做合一"教学方法的生动应用。

第三,变单乡村学校办学模式。其一,推动小学模式多样化。乡村可尝试创

---

① 王文岭:《陶行知乡村教育改造思想述论》,《南京晓庄学院学报》,2016 年第 4 期,第 6-9 页。
② 董春华:《陶行知乡村教育思想对当代农村教育的启示》,《教育探索》,2012 年第 8 期,第 7-8 页。
③ 同②。

办综合中学,即普通中学、职业学校和成人学校三校合一,[1]满足乡村学生和村民的不同学习需求,这一提议不仅积极响应了国家倡导的乡村地区应大力发展职业教育的号召,而且有利于构建学习型乡村社会,鼓励村民成为终身学习者。其二,办学模式合作化。乡村学校办学不能局限于乡土社会,应积极争取与社会机构或城市学校的合作,实施城乡"一体化"办学,不同于单向扶贫,这种合作能让双方都受益。一方面,乡村学校利用名校效应,吸引优质农村学子生源、学习借鉴城市学校先进的学生管理、校园文化建设、教学管理等的经验。另一方面,城市学校把乡村学校作为"第二课堂",组织师生到乡村学校或者乡村社会访问、交流和学习。

第四,推动高校师范教育下乡,组建乡村教师发展共同体。其一,陶行知重视师范教育的改造,提倡师范教育面向农村,提出师范学校应在乡村设分校,在乡村的环境里训练乡村师资。反观现如今各大师范院校师范生培养现状,均采用较为统一的培养方案和普适化的培养模式,并没有考虑到部分毕业生将前往乡村地区工作,当他们走向乡村学校的教学岗位后将会产生巨大的落差感和不适应感。[2] 因此,师范院校应在师范生培养的课程和实习安排中融入乡村生活的内容要素,增强对乡村生活和教育的熟适度。其二,陶行知积极践行艺友制的师资培训模式,艺友制的教育思想就蕴含了学习共同体的理念,艺友制教育中"朋友之道"的民主关系,"共教共学共做"的方式,"先知先行、后知后行"的教育策略,围绕"艺"而组建的"艺友"团体都与学习共同体思想如出一辙,陶行知的"艺友制"是学习共同体的别样形式。[3] 教师轮岗制度使得优秀教师向乡村学校流动,虽然"单向输血"的模式能在短期内改善教学质量,但并不是长久之计,因此乡村学校应增强"自主造血"的本领,通过组建教师发展共同体,打造年轻教师、经验型教师、骨干教师的差异化发展梯队[4],让具备不同特质的新老教师在教学实践中相互学习,营造乡村教师良好发展生态。

---

[1] 黄友珍:《论陶行知的乡村教育思想及现实意义》,《教师教育研究》,2006年第4期,第56-60页。
[2] 代晗蕊:《陶行知乡村教师队伍建设理念与实践研究》,《生活教育》,2021年第10期(上),第62-66页。
[3] 陈建华:《论陶行知的"艺友制教育"及其启示》,《南京晓庄学院学报》,2009年第4期,第1-4页。
[4] 陈晨:《集团化办学,让乡村学校走上高质量发展之路——以海安市曲塘小学教育集团双楼校区的办学实践为例》,《教育视界》,2021年第10期,第36-39页。

第三节　新时代"陶行知式"乡村教师的个案分析

2021年3月6日,中共中央总书记、国家主席、中央军委主席习近平在看望参加全国政协十三届四次会议的医药卫生界、教育界委员时指出,要围绕建设高质量教育体系,以教育评价改革为牵引,统筹推进育人方式、办学模式、管理体制、保障机制改革;要把师德师风建设摆在首要位置,引导广大教师继承发扬老一辈教育工作者"捧着一颗心来,不带半根草去"的精神,以赤诚之心、奉献之心、仁爱之心投身教育事业。

一、坚守乡村教育初心,做"陶行知式"乡村教师

南京市浦口行知教育集团总校长杨瑞清是一位"陶行知式"的乡村教育家,以陶为师,扎根乡村教育四十年,坚持践行陶行知教育思想,先后荣获江苏省劳动模范、全国教育系统劳动模范、全国十大杰出中小学中青年教师、全国十佳师德标兵、全国"五一劳动奖章"、全国教书育人楷模等荣誉称号。

访谈者:杨校长,您好。从1981年您到五里小学任教,扎根乡村教育,至今已有四十年。这四十年间您坚持践行陶行知的教育思想,取得了种种成就,请您说说,走在行知路上的这四十年,您现在是如何认知的?

杨瑞清:走在行知路上的这四十年,我们梳理下来,大致可以分为三个阶段。

第一个阶段从1981年到1993年,是夯实基础阶段。这一时期我们花费许多精力,主要解决了以下几类问题:农村家庭的小孩不愿上学怎么办?留级学生太多怎么办?课桌椅等教学设施短缺怎么办?师资流失怎么办?农村有大量文盲怎么办?有一段时间骨干教师不断调离,甚至我本人也曾面临从政还是从教的去留抉择,但我终于没有走,而是选择留了下来。这一阶段尽管艰苦,但我们仍然看到了希望,我们看到了乡村教育的价值所在,我们发现丰富的土地资源和大自然是乡村独有的优质教育资源。

第二个阶段从1994年到2006年,是充实内涵阶段。这一阶段开始的标志性事件,是1994年我们学校创立了行知基地。行知基地的创立,充分证明在陶

行知教育理念的指导下,我们乡村教育也可以办得风生水起;乡村教育的资源也可以分享给城市学生,而且让他们非常青睐和向往。南师附小、金陵中学、外国语学校……城市的名校学生纷至沓来,在基地他们即使打地铺,也乐在其中,这充分证明了陶行知教育思想的魅力和价值。这一阶段,我们开始城乡联合,更新办学理念,不断改善办学条件,增强了自信,走上了教育现代化的道路。此外,在国家出台的教育方针政策的指引下,我们乡村学校也开始思考如何落实素质教育、如何推进课程改革的问题,进行了不少有益的尝试。

第三个阶段从2007年开始,至今已有十四年了,是提升品质阶段。以2007年我校成为国家汉办(中国国家汉语国际推广领导小组办公室)指定的汉推基地("汉语国际推广中小学基地")为开端。在国家汉办指定的106所汉推基地学校中,我校是唯一的一所乡村学校。这个阶段我们的工作重心是推进国际联合,打造行知教育品牌,做好学校的文化建设。生命的花朵要努力绽放,行知文化也要大放异彩,我们通过一系列的国际交流活动,促进了陶行知教育思想的海外传播,使陶行知教育思想在马来西亚、新加坡、美国等国家拥有了一批追随者、践行者。2015年,我们成立了行知教育集团,由行知小学、行知幼儿园、行知中学、行知基地、高旺小学、石桥小学共同组成。集团成立后,我们又联合弘慧教育发展基金会、桂馨慈善基金会,实施"行知教育实验"公益项目,共同推进行知教育实验。

回首四十年的乡村教育实践,我们所做的教育可以用"行知教育"四个字来表述。我们的"行知教育"有"并肩走在行知路上,携手创造精彩人生"这样一句口号。这意味着不管城市乡村,不管国内国外,只要愿意学陶师陶,我们便可携手同行。行知教育是一个共享概念,它不属于哪一个人,它是最有前途的教育。共享行知教育,共建行知学校,共育时代新人,我们希望和同道者一起去做这样的事业。目前还有许多工作等着我们去做,过去几十年的乡村教育实践经验需要好好整理,行知教育实验的未来还需要好好规划。作为行知教育集团的总校长,我还有两年就要退休了,但是我想,作为一个走在行知路上的行知人,我不会退休,我还有很多事情要做。

二、关怀乡村农家子弟公平而有质量的教育,尊重教育规律

访谈者:您四十多年来怀抱"让农民的孩子享受优质教育"的初心,一直在乡

村教育一线躬耕,那么在您看来,什么样的教育才是优质的教育呢?

杨瑞清:可以用这样四个词来说明我们想要的教育:关怀生命、关注生长、关切生机、关心生态。

教育面对的是生命,就像眼前这盆植物,是生命就需要被关怀,是生命就一定在生长;长得好不好,要看他有没有生机;为了让他长得好,长得有生机,你必须要给他提供适合的生态。

我们心目中好的教育,首先是要"关怀生命"。关怀生命,是要关怀每一个生命,要关怀他,而不是控制他;要尊重他、理解他、信任他,让他成为生命的主人。

生命需要生长,在生长的过程中,我们作为教育者,要努力去关注并帮助生命的生长,而不是拔苗助长,更不是阻止他生长。现在我们的教育往往存在着一种倾向:就是嫌生命长得太慢了,天天催他,天天逼他。我们提倡一种"花苞心态",就是要以对待花苞的态度对待学生。你看,没有人站在花池边骂花苞,但是却有教师站在教室里天天骂祖国的花苞,"别的花都开了,你为什么不开,你要马上开、立即开,而不开我要把你掰开"。这样的事天天在教室里发生,我觉得这不是好教育。真正的好教育一定是关注、尊重生长的规律,我们叫作"关注生长"。

那么他长得到底好不好?怎么看呢?很多人认为花开得早、开得大、开得快就是好的,含苞待放就是不好的。我们不这么看,我觉得有生机就是好的,有生机就是美的。有生机,花苞也是美的,以这种心态来看待,就是"关切生机"。

最后,就是要"关心生态"。做教育的人一定要给学生营造一个良好的生态,他缺水了你就给他水,他缺温度,你给他温度,缺阳光给他阳光,我们要做的就是这件事情。我们发现,我们现在的教育最大的问题不是缺吃少穿,不是条件差,而是文化生态的品质亟待提升。文化生态不好,就会很压抑,心灵就会不断地被伤害。我们做行知教育,要让农民的孩子享受优质的教育,我们就是要在"关怀生命、关注生长、关切生机、关心生态"这几个点上下足功夫。

访谈者:您对优质教育的理解,过去有没有被外界的声音或者一些量化的评价标准动摇过?

杨瑞清:我们跟分数、跟名次这些评价方式抗争了几十年,一开始有些被动,但是我们从未动摇,坚决不动摇。但后来我们发现真正按规律办教育,分数不是问题。我们现在的行知小学、行知中学在全区各项考核指标中都有很好的表现。

千万不能为了迎合某一种评价标准,把教育本质的东西丢掉了,你一旦把这个本质的东西丢掉了,你就不是知行合一了。

我们在乎的是整体的文化品质,关心文化是不是优质。整体的文化品质好了,考试不是问题,这是我们不曾动摇的信念。当我们真正认真做好了文化品质,即使学生偶尔考得不太行,我们也有足够的承受力。现在面对分数、名次,其实是很多老师、家长自己没有承受力,不能够为孩子担当。为了让孩子德智体美劳全面发展,为了让孩子能够享受幸福童年,能够幸福一生,我们何必要对分数、名次那么耿耿于怀?

当年乡村刚开始走向城市化的时候,受到城市教育风气的影响,乡村越来越多的家长把孩子送去上补习班,越来越多的老师都习惯于要求家长陪读、给孩子的家庭作业签字了。但在很多年前,我们学校就提出几不准,其中就有一条,就是不准统一要求家长陪读、签字。家长如果自己要关注孩子作业,那是家长自己的事情,但是我们学校不同意让所有的家长给孩子签字、给孩子批改作业。我们这个主张其实很朴素,我们觉得逼迫家长给小孩签字有害无益。但是在过去很长一段时间,这居然成了一个通行的做法,以至于教育部要发文件规定不允许让家长给小孩批改作业,不允许给家长布置作业。教育部发文是因为意识到这种行为贻害无穷。可是在我们学校,很多年前就已经意识到这个问题了。

访谈者:坚持按照教育规律办教育,您很有远见。2018年,习近平总书记在全国教育大会上指出要立足中国国情,遵循教育规律,推进教育改革。2020年10月,中共中央、国务院印发了《深化新时代教育评价改革总体方案》,对"破五唯"、实施"四个评价"等作出了一系列新部署。您坚持办"行知教育",在教学中运用多元化的评价方式,这些和国家深化教育改革的新思想、新要求是一致的。

三、以陶为师,做强品牌,传播行知文化

访谈者:您全身心地投入到行知教育实验中,您可以同我们分享一下您近几年开展行知教育实验的成果和体会吗?

杨瑞清:这几年我有一个很突出的感受,就是虽然没有像以前那样冲在一

线，却能不断听到来自我们集团学校的好消息，一会听说中考成绩名列全区的第二名了，一会听说小学男子足球队、初中女子足球队双双获得"市长杯"冠军了。最大的好消息是我们行知基地2018年成为教育部遴选的"全国中小学生研学实践教育营地"。这块牌子可不简单，全国只有40家，江苏只有两家，南京只有一家，我们可以很自豪地说我们行知基地是"南京唯一、江苏第一、全国数一"，这个基地极大地彰显了行知教育的品牌。它的文化资源可以辐射到全国，为全国中小学生研学做服务，做示范。我为我的同事们感到自豪，我感受到行知教育事业要想行稳致远，一定要感召更多的人来走行知路。集团成立之后，我也不闲着，真正有心做事，你会另辟蹊径，可以做很多事。比如做陶行知教育思想的研究，再比如近期着手申报国家优秀教学成果奖。申报教学成果奖是一个重大的机遇，可以擦亮行知品牌，而依靠品牌可以做成更多的事情。为做好行知教育这个品牌，我们近几年用心做了很多具体的工作，比如我们千方百计在校园里面立了一尊高5.5米的陶行知塑像。这件事用心不用心，效果是完全不一样的。再比如，我们建立了一个行知教育馆。行知教育馆是校本课程的一个很好的载体，是看得见摸得着的活教材。全校师生和每年来访的几万名城市学生，都要拜谒陶行知塑像，参观行知教育馆，这些活动对于传播行知文化很有意义。行知教育馆是一本生动直观的活教材，它已经在宣扬行知文化方面发挥了重要作用，当然我们还要继续把它建得更好。我希望，将来全国各地会有100个行知教育馆，甚至有1000个行知教育馆，将在加强师德建设和推进教育改革中产生巨大的影响力。另外，对外交流是我们这些年的一项重点工作。集团成立后，其他具体的、专业的工作可以分出去，可是对外交流的工作不大好分。外国师生来访，是冲着行知教育集团这个整体，于是我们把对外交流工作整合到"行知苑对外交流中心"，由我直接负责。我们学校平均每年接待800多名外国友人，有校长、有老师、有学生，十几年来累计接待了12 000余人。我们的老师也会到新加坡、马来西亚、菲律宾等国家去弘扬行知文化，我们的行知教育宣讲，直接的听众也约有一两万人。去年因为疫情，线下交流突然中断了，但我们发现线上交流还可以做很多事情，于是就创立了一个云播中心，设立了中文、中医、中餐、创意制作、长江文化、行知教育等8个直播间。去年一年，我们做了八十几次直播活动，吸引到28 000多人线上交流。过去我们忙了十几年才12 000人，去年仅仅一年，线上交流就有28 000多人。当然不同的交流方式，影响力是不一样的，但至少可以说，线上交流有线上交流的优势。另外,学校还请三位语文老师,通过网络给美国一所学校的一至三年级孩子进行中文教学。这项工作已经进行了半年,我们还会持续做下去,我觉得这件事情意义很大。在国内很难找到几个老师,可以在长达一年的时间里持续给美国学校的孩子上中文课。而且美国的这所中文学校的校长,也是海外学习陶行知教育思想很有影响力的一个人,他把自己新办的学校就命名为"美国行知中文学校",为这些美国孩子提供长期的中文教学,对于行知文化在海外的传播意义深远。放眼未来,我们要站在一个更高的角度上来规划、设计我们的工作,我们还有非常多有意义的工作可以开展。而且我认为,当我们把行知教育的品牌充分做强的时候,有很多人就会跟随而来。

访谈者:近几年您创办的"行知教育书院",从名称上看似乎是把陶行知思想和传统的书院教育做了一个结合,请问您是怎么意识到要创办"行知教育书院"的?"行知教育书院"有什么独特的价值?

杨瑞清:"行知教育书院"目前还处在建设初期,它的内涵和功能还在不断发展变化当中。书院的空间载体是我们的老校区,因为我们恰好有这么一个舍不得拆的老校区,既不在基地里面,又不在小学里面,它是相对独立的一个空间。我们把老校区这块空间重新进行规划,赋予它这样几个功能。第一,它是行知教育馆,用于宣传展示行知文化。第二,它是南京"行知苑对外交流中心",用于促进对外交流,后来,这里又建成了云播中心。第三,它是行知教育工作室,用于开展行知教育研究。第四,它还是行知教育的培训基地,用于行知教育的传播。一些海外国家每年派老师、校长来此封闭研修,书院事务相对较少,比学校更适合承担这类接待和培训工作。我们把各种功能叠加在老校区里面,让它产生新的价值。于是就有人出主意说,不如就叫"行知教育书院"吧。书院不同于学校,对于学校来说,它可能更像一个智库,它植根于传统文化,重视人格养成,开展文化研究,促进文化交流。和学校相比,书院相对来说自由一些,有一些理想在学校里面或许难以实施,但是在书院里面却能够得以完整地落实。书院不能代替学校,但它可以对学校教育进行补充、进行引领。比如在课程方面,书院里有中医文化课程,有创意制作课程,这些课程的品质和精彩程度要远远高于学校里现行的课程。我们教育局现在也在关注书院建设,我想将来退休的行知人,或许还可以在书院这个平台上继续发挥点作用。

四、专注乡村教师成长,弘扬行知精神

访谈者: 近些年国家越来越重视师德师风建设,您很早就受到表彰,是全国师德标兵,请您谈谈您对师德的理解。

杨瑞清: 我认为,师德固然是对教师的一种规范、一种要求,但它更应当是对教师的一种引导、一种滋养。师德这个词汇是有温度的,它不是冷冰冰的,它是温暖的。弘扬高尚的师德,教师自己会感到很幸福。师德不能够只是一个外加的规范,它更是教师生命成长的内在需要,师德的养成一定要走向自觉。最近网络上曝光了一段视频,视频中天津某位中学老师公然对比学生家长收入,歧视学生,造成恶劣影响。这名涉事教师还曾被评为"最美教师",还是区骨干教师、学科优秀教师,但是她的言行造成的影响极坏,现在已经被取消了教师资格。所以,我认为师德的养成不能仅仅依靠外加的要求或评价,一定要是教师内在的、自觉的一种追求。

访谈者: 在您扎根乡村四十年的经历当中,您遇到的最大的挑战是什么?

杨瑞清: 最大的挑战是曾经孤独过。当时同事中能干的人都走了,我怎么办?有人说你也走,可以解脱。但是我如果也走了,就不是自己的初心了。不走可以,但不走有出路吗?必须要寻找到出路才行。出路在哪里呢?我后来发现,出路在于加快成长。我曾经说过,让成长的速度远远大于流动的速度,乡村小学才可能有一支好的教师队伍。怎么成长?要躬于实践、勤于读书、善于交友、乐于动笔,要不断要求自己、鞭策自己。这时你会发现,尽管外面依然有各种各样的挑战和压力,但是当你真正学会了反求诸己,当你真正走向了知行合一,你内在的力量就强大起来了。像王阳明那个时代,社会方方面面的条件远不如今天,但是王阳明的内心一片光明,他非常有力量,以至于他成了中国历史上一颗璀璨的明星,照亮了千秋万代。陶行知也是,凭借内心的力量,在艰难困苦中做成了伟大的事业。学习陶行知给我们一个非常大的启示,就是让我们明白只要专注于成长就对了,其他的不用太在乎。我觉得我们应当培植一种内在的力量,外在的东西是追求不完的,我们要相信当我们真正向内开掘,追求内心的成长,不仅可以获得无穷无尽的快乐,还可以抓到无与伦比的机遇。

访谈者: 您认为未来的行知教育实验还可以在哪些方面进行创造,以及您对

行知教育的愿景是什么样的？

杨瑞清：我认为行知教育有无穷无限的创造空间、发挥空间。最近，有几个重要概念在我脑子里面盘旋着，一个是2025年，要"建设高质量教育体系"；一个是2035年，要"建成教育强国"；还有一个更长远，要"培养担当民族复兴大任的时代新人"。我觉得在这个过程当中，至少在接下来的三十年里面，行知教育真的可以发挥巨大的作用。它的作用绝不只在于说什么教学方法的改进，怎么样提高分数，怎么提高语文质量，怎么办出一个名校，如何培养一个名师……我觉得它的作用不止在这里。它一定是作为一种前瞻性、世界级的教育文化，极大地滋养、推动中国教育的发展，它会在促进人的幸福成长和改变人的生活方式方面产生巨大的作用。

我们真正要做的教育，绝不能只是关在校园里面进行，所以将来一定是人人都是学习者，人人都是教育者，人人都是创造者，渐渐会形成整个社会大教育的体系。而在这种趋势当中，行知教育正当其时，这是我们一个很有把握的判断。包括构建一带一路，构建人类命运共同体，在这些发展进程之中，行知教育大有可为。在今天的世界，你只要在中国把自己的事情做好，自然会光芒万丈，世界各地大家都会跟着你走，其他不能顺应大势的慢慢都会被淘汰，这是肯定的。

访谈者：您坚守乡村教育阵地、走在行知路上四十年的经历和您继续走行知路的决心使我们想到陶行知先生的一句话："我自为牛为马，任人呼虎呼龙"。请问陶行知先生有哪句话或者哪段经历是特别打动您的？

杨瑞清：陶行知先生有这样一段经历，二十世纪三十年代，他在美国时，为了宣传抗日，他自行筹集抗战经费和路费，到世界各地游说。有人说，你一个大学教授，那么好的日子不好好过，颠沛流离，你这是何苦？你这不是傻吗？陶行知当晚就在哥伦比亚大学里面写了一首诗："傻瓜种瓜，种出傻瓜；唯有傻瓜，救得中华。"这首诗是1937年1月29日写的，这个时间没什么特别，太不起眼了。可是七十九年后，2016年的1月29日，在哥伦比亚大学图书馆里举行了陶行知雕塑的安放仪式。1月29日，这个不起眼的日子，在我的心中激起了巨大的反响。谁能想到，当年写诗立志要做傻瓜的人，几十年后的同一天，居然会有一尊他的塑像，哥伦比亚大学里第一位中国学者的塑像，在那里落成。陶行知的伟大正在于他的纯粹。你要说他傻，我觉得其实他很智慧。他度过了短暂的五十五岁的一生，却成了万世师表，受到万世景仰。陶行知先生得到的东西太多了，他得到那么多,奥秘是什么呢?奥秘是他什么都没准备要,"捧着一颗心来,不带半根草去"。这就是陶先生留给我们的一个生命的大智慧。马来西亚人到我们这里来学陶行知,他们很受触动,他们回国后在全国推广行知文化,他们抓住四句话:"爱满天下""知行合一""花苞心态""傻瓜精神"。我觉得马来西亚同行抓住了精髓。陶行知的傻瓜精神是非常了不起的。现代社会很多人太精明、太计较了,结果最后受伤的不只是这个时代,受伤的也包括他自己。他自己本来是可以很幸福的,他自己本来是可以获得更多的,结果他失去了更多。所以陶行知先生有这样一种精神,有这样一种智慧,太了不起了。

第八章 以乡村教育促进乡村社会发展：陶行知与乡村教育改革的时代抉择

从教育学视角来讲，早期城市教育是重点，乡村教育并非重点。但是，随着以留学归国生为代表的教师队伍逐渐将自身视角转向乡村教育，带动一批跟随者展开地方教育行动，产生了一批有深远影响的乡村教育成果。民国时期就出现了大量的乡村教育实践，但当时的乡村教育学者在如何开展乡村教育的理念上尚未建立完整的体系，而是主要从教育救国的实用角度并结合特定的历史时期提出的。例如，陶行知注重对传统教育的根本反思并提出"做中学"等生活教育理念；梁漱溟认为教育应回归社会，而不是脱离社会等。尽管如此，乡村教育与社会的紧密联系，尤其是乡村教育对于新中国建设的重要意义是毋庸置疑的。

第一节 乡村教育促进乡村社会发展

新中国成立后，乡村路线是中国共产党多年以来始终坚持的路线，乡村建设是我国建立小康社会进程中的重要组成部分。在近几十年的乡村建设过程中，教育进行参与的方式主要是保障农村居民的受教育权，并通过教育扶贫手段辅助我国的扶贫减贫脱贫事业，乡村教育建设中的最主要任务是保障乡村居民的受教育权和不断提高义务教育的普及程度。教育部在《教育部2016年工作要点》中强调"办好乡村小规模学校、加快实施教育扶贫工程"。以教育扶贫总部署为指导，党的十八大以来教育政策的颁布始终以人民的利益为导向，不仅关注贫困地区的学生群体,还加大了对乡村教师的扶贫力度。自实施了精准扶贫以来,因贫困而辍学的学生数量逐步减少。截至2020年9月15日,建档立卡贫困家庭辍学学生已经全部清零。[①] 而这一系列的乡村教育政策体现了中国共产党在乡村建设过程中高度关注改善贫困人口的现实权利状况。关于国家财政方面的人权保障,截至2020年底,农村"低保"对象达到1 985.0万户、3 620.8万人。全国农村"低保"平均保障标准比上一年增长11.7%,全年支出农村"低保"资金1 426.3亿元(民政部,2021年)。这种兜底型的制度安排有利于改善贫困人口的人权状况。除了自上而下的国家财政兜底,鼓励并扶持农村居民自下而上地积极投入乡村振兴建设的主要途径之一就是改善乡村教育的质与量。

基于乡村教育实践与乡村社会发展之间的紧密联系,想要了解我国乡村教育的百年发展历程首先需要了解我国乡村建设的整体发展脉络。我国学者对新中国成立以来我党的扶贫历程进行总结归纳,提出了五阶段理论。当前我国正处于精准扶贫的收尾阶段和扶贫成果的巩固阶段(表8.1),并在2020年巩固脱贫成果的同时开始全面推进乡村振兴。

表8.1 我国扶贫事业发展五阶段

时期	阶段
1949—1978	改革开放前计划经济体制下的广义扶贫阶段
1978—1985	体制改革推动下大规模缓解贫困阶段
1986—2007	以贫困地区和贫困人口能力建设为重心的开发式扶贫阶段
2007—2013	以改善贫困人口权利状况为特色的两轮驱动推动扶贫阶段
2014至今	以继续深化改善贫困人口权利状况为重要内容的精准扶贫新阶段

面对不同时期的乡村建设总目标,乡村教育也经历了不同的发展阶段。二十世纪初的乡村教育主要作为宣传革命思想的阵地并以培养革命火种为主要目标。新中国成立后,乡村教育致力于服务广大工农群众的文化需求和培养新中国建设者。这一时期的主要任务为提高农村居民的识字率和教育普及度。进入改革开放和社会主义现代化建设时期后,教育的重要性被重新强调的同时,质量开始成为我党关注的重点内容。而在中国特色社会主义建设的新时期,我国的

---

① 杜尚荣,朱艳,游春蓉:《从脱贫攻坚到乡村振兴:新时代乡村教育发展的机遇与挑战》,《现代教育管理》,2021年第5期,第4页。

乡村教育开始追求高质量发展并积极实现现代化建设的要求。随着全面建成小康社会奋斗目标的提出和科学发展观的确立,同时也鉴于建设社会主义新农村伟大历史任务的提出,城市教育与乡村教育的协调并进,整合式发展的城乡教育一体化问题得到学界的广泛关注。

在推进一体化的过程中有机遇也有挑战,一方面财政上的教育经费投入和向下放权有利于地方政府因地制宜地制定当地教育发展规划;另一方面,生源流失、教学资源分配不均等问题仍然严峻。生源质量直接影响学校教育的兴衰,根据近六年的《全国教育事业发展统计公报》中提供的数据可以看出,2020 年义务教育阶段在校生中进城务工人员随迁子女达 1 429.73 万人。其中,在小学就读的有 1 034.86 万人,在初中就读的有 394.88 万人。在近七年时间里生源流失加速,尤其小学生源人口大量流失(表 8.2)。大量乡村学生涌入城市使农村中小学的办学规模不断缩水,相反城镇开始出现大量"航母学校"。城镇和乡村教育在物资、师资、管理、学生的心理问题等方面面临的现实挑战不容忽视。

表 8.2　2014—2020 年间进城务工随迁子女数量相关统计

年份	义务教育阶段随迁人数(万人)	小学就读(万人)	初中就读(万人)	较上一年增长人数	增长率
2014	1294.43	955.59	339.14	17.56	1.360%
2015	1367.10	1013.56	353.54	72.37	5.590%
2016	1394.77	1036.71	358.06	27.67	2.024%
2017	1406.63	1042.18	364.45	11.86	0.850%
2018	1424.04	1048.39	375.65	17.41	1.238%
2019	1426.96	1042.03	384.93	2.92	0.205%
2020	1429.73	1034.86	394.88	2.77	0.194%

党的十九大提出了乡村振兴战略,以此为背景乡村教育的整体发展规划迎来了新的转变[①]。首先,在乡村教育的价值取向上,突出强调乡村教育的育人功能和文化功能,培养乡村学生的自学能力和文化创新能力,最终达到适应学习型

---

① 李继宏,曹静:《党领导下我国乡村教育的百年发展——庆祝中国共产党成立 100 周年》,《聊城大学学报(社会科学版)》,2021 年第 5 期,第 21 页。

社会并满足乡村建设的人才需要。其次,注重提升乡村教师待遇和教师队伍建设,并以2018年《关于全面深化新时代教师队伍建设改革的意见》为今后乡村教师专业发展方向的统筹规划的方向指导。再者,在促进乡村教育高质量发展的同时也重视挖掘乡村教育独特的教育理论内涵和文化价值,鼓励乡村学校开发乡土课程,探索小班化授课模式,注重对乡村儿童的个性化教学和乡土情怀的激发。在城乡一体化建设中保留乡土优秀文化和人文情怀。最后,积极探索"互联网+教育"的实现路径,实现教育资源的优化整合和共享,引领乡村教育现代改革建设的步伐,用更多更优质的教学资源服务本地需求,为乡村教育的特色化发展提供技术支持。

2020年末我国的全面脱贫也迎来了乡村振兴建设的新阶段,我国的乡村教育研究也在教育扶贫的总体目标下致力于解决乡村"精神贫困"的问题。首先是关于乡村文化衰落和乡村生活伦理崩溃的问题及其原因的相关研究。如刘铁芳谈道:"我们再追问,什么是乡村教育呢?那就是,如何积极有效地促进乡村少年的精神成人,促进他们置身乡村社会之中,活泼、健康、全面、自由地发展,启迪、发育他们的健全人格,为他们的一生奠定良好的身心基础。乡村少年的健康发展就是乡村教育的根本目标,如何有效地促进每个乡村少年的全面健康发展才是乡村教育的核心与根本问题。只有当我们深入触及乡村教育的展开与乡村少年的健全发展何以可能的时候,我们才可能真正避免俯视的姿态,才能全面把握乡村教育何以展开的细微脉络,发掘乡村教育的内在精神资质。"[1]乡村文化的危机和乡村教育的危机是共生的。乡村社会中长期存在的价值系统一直承担着以农业为主导的我国乡村社会生活的底线。"在乱世,乡村社会的这套稳定的价值系统甚至可以成为整个社会重建的价值来源。"可以看出乡村文明和乡村生活伦理中蕴藏了巨大的能量。然而这一价值体系正在逐渐崩溃,其主要原因包括在消费主义的冲击下,农村的年轻人更倾向一种享乐的心态而没有在年轻的时候培养自己的远大理想和精神追求,农村人口的金钱价值观发生改变,唯金钱论导致了农民的自我认知向趋利化改变。同时,表现为人作为生命体延续所必需的生物学条件,包括衣食温饱问题,这方面要解决的是人与自然的关系

---

[1] 刘铁芳:《重新确立乡村教育的根本目》,《探索与争鸣》,2008年第5期,第56页。

问题。这又可以从两个层面来展开讨论,一是基本的衣食住行和基本的生命安全等涉及个体生命能否延续的条件,没有基本的衣食住行,人就不能生存下来,也无法繁衍子孙。二是超出基本生存需要的带有舒适意味的衣食住行。人追求口腹之欲,希望更加舒适的个人生活,源自人的生物本能。但人又不只是一个生物性需要可以满足的,他还是一个社会的人,是一个希望生命有价值和意义的人,是一个只要有条件,就会追求自我实现的人,是一个有反思能力和攀比欲望的人。因此,人的生物性需要往往会上升到社会性乃至本体性价值的层面:正是经济上的成功,使个人自我满足,可以让自己有成就感,使个人可以获取社会声望等等。[①] 可见,这深受其私利影响。殊不知,道德与自我、自我与他人的关系是联系在一起的,因此关爱取向对道德的理解,与它对自我和关系的理解有着紧密的关系。在关爱取向中,道德取决于对关系的理解,即从他人的角度和背景对他人作出反应;道德问题与关系或关爱活动有关。在关爱取向中,道德冲突是围绕着人与人之间关系的破裂,或者反过来说,围绕着恢复关系或维持关系而产生的。而且,在关爱取向中,冲突与反应本身有关,也就是说与一个人在特定情境中如何对另一个人作出反应(或作出反应的能力)、如何促进另一个人的幸福和健康,或者如何减轻另一个人的负担、伤害或痛苦(心理上的或身体上的)有关。关爱取向在建构道德时,将对自我的关注也包括其中,特别提到在考虑关爱他人时如何关爱自我。[②] 另一个重要原因是,历史进步主义、科学主义、消费主义和全球化的大环境共同摧毁和取代了传统的乡村文化模式。乡村社会在改革开放、走向现代化的过程中,几乎处于被动的位置,乡村社会的文化内涵在以发展为中心的城市现代化中被隐匿了,以城市为中心的外来文化的冲击使得原来的乡村文化秩序土崩瓦解,乡村失去其曾经拥有的文化内涵,成了空洞的概念。乡村文化的边缘化,乡村自身文化生态的破坏,直接导致乡村少年对自身周遭文化的冷漠,他们产生了身份的困惑并失去了自信变成了文化精神上无根的存在。乡村文化的荒漠化导致乡村教育失去了文化的支撑,最终无法推动乡村儿童

[①] 贺雪峰:《农民价值观的类型及相互关系——对当前中国农村严重伦理危机的讨论》,《开放时代》,2008年第3期,第54页。

[②] 倪伟,方红:《试论道德的关爱取向与公正取向》,《南京师大学报(社会科学版)》,2008年第2期,第110页。

的精神和人格发展。甚至当个人生命意义都受到质疑的时候,"活着的理由"变成了问题。

无论是"逆乌托邦"还是"消灭农村"都无法做到解决当前的"精神贫困"问题。归根结底,如何看待城乡二元对立的现实并且探索未来乡村振兴的方向和乡村教育在其中的立场问题是教育学者亟待解决的问题。教育与文化的关系密不可分,从乡村教育的视角考虑重建乡村文化和伦理价值的问题,需要考虑什么样的生活才是好的生活?需要什么样的教育来达成?要体现怎样的价值理想和信念?树立怎样的文明观?而我们需要的乡村建设是探索如何使城市和乡村之间相互沟通和补充的和谐共生关系。

孙杰远提出通过解决教育文化失调来解决乡村社会文化失调,最终达成新时代的乡村振兴。他指出乡村教育振兴的实质是教育现代化,此为中国百年教育探索、变革和发展的根本主题。教育现代化的深层内涵是教育价值观、思维方式和实践模式的现代化,一言以蔽之,即教育文化的现代化意味着乡村教育文化体系和文化习惯的现代化建构。然而,乡村教育文化的现代化选择必须是理性而正当的自觉实践,这种文化选择内含主管部门、实践者和广大人民群众的文化判断力、文化审美力、文化鉴别力与文化价值需求,因此,乡村教育文化现代化选择又具有批判性和反思性。它必须对现代教育文化加以批判性分析和吸收,积极建构"中国乡村的"教育现代化。这就意味着,乡村教育文明传统、中国教育文化传统、中华民族教育文化传统等必须成为乡村教育文化现代化的基本尺度,因而,教育现代化本身便是"中国化""民族化"和"乡村化"的。由此,乡村教育方能构建具有乡土特色、中国特色和民族特色的现代乡村教育文化模式,中国教育现代化才是真正的现代化,乡村教育振兴才是真正的振兴。[①] 在认识到乡村文化的重要价值后,重塑乡村教育面临的第二个问题就是如何解决城乡二元论背景下城市价值主导的单一化问题。通过新型乡村教育的构想,摒弃简单的现代化模式的自我复制,探索更合适的生活方式、人性方式和文明样式三位一体的现代乡村教育模式。其目标是培养乡村"真精神",即增进乡村理解,激活乡村想象;增进教育生态的多样性;带给乡村少年向未来的多种可能性。为此,乡村教育有

---

① 孙杰远:《乡村教育应在文化选择中重塑主体性与自觉性》,《探索与争鸣》,2021年第4期,第14页。

必要融入乡土教育的内容并转化为乡村年轻一代的成长记忆。在重建乡村教育的过程中,不仅要打破单一性的城市价值视角,也要兼顾公平与差异在教育资源分配和教育人才培养中的共同作用。

结合当前乡村振兴的总目标和乡村教育的发展现状,邬志辉[1]总结了农村教育发展的"内忧"和"外患"。"内忧"表现为乡村教育对于教育扶贫的助力能力仍然薄弱,在乡村振兴项目中存在教育短板。其主要原因除了物质条件的不充分外,还有对农村教育的重要性存在认识误区。一是认为城镇化就是消灭农村学校;二是认为农村教育目标只为升学服务,忽视社会生活能力培养,扎根乡土教育意识淡薄。最终导致乡村教育课程与乡土社会脱节,严重背离乡村儿童的生活经验,使乡村儿童难以形成正确的身份认同。"外患"表现为乡村教育发展的未来方向不明确。一是发展高质量的农村义务教育;二是在"离农"还是"务农"的价值选择上摒弃非此即彼的二元思想方式,将未来的发展方向定为"为城乡一体化发展服务"。农村教育应充分利用农村的当地特色和优势,改革和完善学校课程设计,探索出符合农村社区和儿童特点的现代化教育模式。

还有学者回归到农村教育基本概念的辨析中去,对主流的"对象论""空间论""目的论"和"交叉论"各自的利弊进行批判性的区分,同时提出了未来乡村教育的"价值论"取向。对未来的乡村建设,学界做出了一些预测,认为未来中国农村教育可能超越当前布局于农村社会中的教育空间概念、服务于农业户籍人口的教育群体概念、单项服务于农村社会发展的教育功能概念和局限于围墙内的学校教育概念。"它将是服务于'弱者''底层'和'穷人'的广义教育概念,且决不应是'弱质''底端'和'贫穷'的教育,而更应是'理想''朴素''创造''鲜活''务实''奋斗''公平'的高质量的平民主义教育。"[2]除了建立全新的理论模型之外,还有学者认为可以先从既有的乡村教育与理论中选取仍具当代价值的理论进行深化、加工和拓展。

---

[1] 邬志辉:《中国农村教育发展的成就、挑战与走向》,《探索与争鸣》,2021年第4期,第6页。
[2] 李涛:《中国农村教育的概念实质及未来特征》,《探索与争鸣》,2021年第4期,第31页。

第二节　嵌入乡村社会：职业教育促进乡村振兴的逻辑前提、实践机制

为了更好地促进乡村发展，党的十九大报告提出了以"产业兴旺、生态宜居、乡风文明、治理有效、生活富裕"为总要求的乡村振兴战略。为科学有序推动乡村振兴，中央出台了《乡村振兴战略规划(2018—2022年)》，明确提出"大展面向农村的职业教育，加快推进职业院校布局结构调整，加强县级职业教育中心建设，有针对性地设置专业和课程，满足乡村产业发展和振兴需要"。2021年，中共中央、国务院下发的《关于加快推进乡村人才振兴的意见》提出要加快发展面向农村的职业教育，为乡村发展培养人才。2022年，中共中央、国务院在《关于做好2022年全面推进乡村振兴重要工作的意见》中又强调了要办好面向农村的职业教育，为乡村振兴提供人才支撑。党的二十大报告指出："推进职普融通、产教融合、科教融汇，优化职业教育类型定位"。这些文件给职业教育和乡村社会的发展指明了方向：职业教育要服务于乡村社会，促进乡村产业发展、科技发展，为乡村振兴注入发展动能。

在乡村振兴背景下，职业教育作为一种教育类型，能够通过学校职业教育、职业培训和社会职业教育三种途径促进乡村社会人力资本的开发和再开发；能够通过在乡村社会的文化生态系统建设，[1]走出一条"筑基""强根""铸魂""固本""聚力"的乡村文化振兴之路，[2]解决乡村振兴过程中农村经济发展与乡土文化传承之间日益凸显的矛盾。学者们也普遍认为职业教育尤其是面向农村的职业教育是推动乡村振兴的重要内生力量，[3]能够为乡村振兴赋能，[4]并通过两种

---

[1] 石献记，朱德全：《民族地区职业教育服务乡村振兴的文化共生场域》，《教育研究与实验》，2021年第3期，第43-52页。

[2] 李明，陈其胜，张军：《"四位一体"乡村文化振兴的路径建构》，《湖南社会科学》，2019年第6期，第147-156页。

[3] 石献记，朱德全：《职业教育服务乡村振兴的多重制度逻辑》，《国家教育行政学院学报》，2022年第4期，第43-51＋95页。

[4] 朱德全，杨磊：《职业教育服务乡村振兴的贡献测度——基于柯布-道格拉斯生产函数的测算分析》，《教育研究》，2021年第6期，第112-125页。

路径进行了研究：一是研究职业教育的发展路径和改革策略。职业教育应该培养新型农民，打造应用型产业集群，指导农村产业建设，[1]应以顺应新时代农村农业现代化发展为功能定位，以涵养乡土文化为生存根基，以培养新型职业农民为培养目标，以挖掘老龄人口红利为现实观照。[2] 二是探讨职业教育对乡村振兴的服务作用。有的学者分析了职业教育服务乡村振兴的逻辑向度、[3]逻辑理路、[4]融合行动、[5]技术逻辑和价值取向[6]；还有一些学者结合案例考察了职业教育服务乡村振兴的路径、方式[7][8]与贡献率[9]。但是职业教育在实际服务农业农村现代化的过程中却面临着现实困境，对此，学者们认为是由职业教育不合理的发展取向、发展过程中面临的角色冲突[10]以及自身自信危机[11]导致的。

学界的研究成果为我们提供了借鉴，使我们认识到了职业教育应该并且可以服务于乡村振兴，但还需进一步丰富。其一，学者们很少关注职业教育与乡村社会长期脱嵌的事实以及由此带来的负面影响。在我国长时期的快速城市化和现代化进程中，职业教育"脱嵌"于乡村社会的发展，"更多发挥了服务于乡村人口在城市非农领域就业和发展的功能"，加剧了乡村青壮年流向城市和乡村社会

---

[1] 曹志峰：《服务农村产业革命的职业教育发展研究》，《贵州师范大学学报（社会科学版）》，2022年第1期，第75-83页。

[2] 祁占勇，王志远：《乡村振兴战略背景下农村职业教育的现实困顿与实践指向》，《华东师范大学学报（教育科学版）》，2020年第4期，第107-114页。

[3] 曾欢，朱德全：《新时代民族地区职业教育服务乡村人才振兴的逻辑向度》，《民族教育研究》，2021年第1期，第74-81页。

[4] 朱德全，王志远：《协同与融合：职业教育服务乡村振兴的逻辑理路》，《陕西师范大学学报（哲学社会科学版）》，2021年第5期，第114-125页。

[5] 杨磊，朱德全：《"三域"并进与"链式"推进：民族地区职业教育服务乡村振兴的融合行动》，《西南民族大学学报（人文社会科学版）》，2021年第12期，第203-210页。

[6] 朱德全，石献记：《职业教育服务乡村振兴的技术逻辑与价值旨归》，《中国电化教育》，2021年第1期，第41-49页。

[7] 殷彤丽：《职业教育助力南疆乡村振兴战略路径研究》，《中国职业技术教育》，2021年第18期，第70-74页。

[8] 田真平，王志华：《职业教育服务乡村产业振兴的江苏实践——机理分析、耦合测度与模式构建》，转引自马建富：《迈向共同富裕：职业教育助力乡村振兴的实践探索——〈职业教育服务乡村产业振兴的江苏实践——机理分析、耦合测度与模式构建〉评介》，2022年第1期，第159-161页。

[9] 谢金辰，祁占勇：《高等职业教育服务乡村振兴的经济效益——贡献率与回报率双重视角下的实证研究》，《高等职业教育探索》，2022年第3期，第32-40页。

[10] 林克松，刘璐璐：《后扶贫时代职业教育服务乡村振兴的角色困境及行动策略》，《职教论坛》，2021年第11期，第36-42页。

[11] 吕鲲鲲：《乡村振兴背景下农村职业教育现代化的自信危机与价值重塑》，《职业技术教育》，2022年第13期，第61-66页。

内部荒芜的现象。① 因此,只有改变二者相脱嵌的现实,职业教育嵌入乡村社会,才能进一步发挥服务于乡村社会的作用。其二,职业教育与乡村社会的对接问题是个社会现象,必须放置于社会环境中探讨二者嵌入的具体方式和机制问题。学者们针对职业教育的服务作用以及开展服务的路径的前述研究假设职业教育和乡村社会都是封闭的、静态的,且职业教育能够顺利对接乡村社会,并按照一定的路径承担了相应的服务责任。学者们关于职业教育现实困境的研究也仅是从职业教育自身或内部寻找原因及解决措施。事实上,职业教育作为一种典型的国家对乡村社会实施有效治理的"治理术",具有很强的外来性[2]、开放性和动态性,它对乡村社会的作用方式比较复杂,需要我们进一步研究。如此,才能了解它如何对接复杂的乡村社会结构,如何在乡村社会场域中发挥作用,如何与乡村社会场域中的其他主体和力量相作用。也只有在明确了职业教育对乡村社会的作用方式基础上,才能探讨促进职业教育发展与推动乡村振兴的价值取向和路径选择。基于这些考虑,以下立足于嵌入性理论的视角对职业教育在乡村振兴背景下发挥服务作用的方式和机制做出探讨。

一般而言,在社会科学领域,"嵌入性"这个概念最早由卡尔·波兰尼(Karl Polanyi)提出,在卡尔·波兰尼看来,"嵌入"是指经济和社会两者相互依存和互动的状态。但卡尔·波兰尼的嵌入思想在当时的学界并没有引起多大反响,后经格兰诺维特(Mark Granovetter)在理论分析和经验操作方面逐步发扬光大,该理论才成为经济社会学方面的重要概念。格兰诺维特认为"嵌入"包括"结构嵌入"和"关系嵌入"两种形式,[3]"结构嵌入"指行为主体嵌入在广泛的社会网络中,"关系嵌入"指行为主体嵌入在个人关系中。祖金(Sharon Zukin)和迪马奇奥(Paul DiMaggio)进一步丰富和细化了嵌入理论的内涵和分析框架,将嵌入理论划分为政治嵌入、结构嵌入、文化嵌入和认知嵌入四个层面。[4] 嵌入理论有着

---

① 瞿连贵,石伟平,李耀连:《乡村人才振兴视野下职业教育的功能定位及实践指向》,《中国职业技术教育》,2021年第6期,第50—56页。
② 唐志彬,郭欢:《作为乡村"治理术"的农村职业教育:内涵与路径》,《教育发展研究》,2020年第Z1期,第75—81页。
③ Granovetter M,Swedberg R:The Sociology of Economic Life,Boulder:Westview,1992年。
④ S. Zukin, P. DiMaggio:The Structure of Capital:The Social Organization of the Economy,New York:Cambridge University Press,1990年。

很广泛的应用范围,为分析一些社会问题提供了新的研究视角和分析理路。[1]有的学者以嵌入性理论为分析视角阐释某种特定的问题或现象[2][3][4][5][6];有的学者借鉴嵌入性理论的分析框架来解释某一现象或问题[7];还有的学者结合具体的研究场域,对"嵌入性"理论的经典分析框架进行本土化改造,用以分析某一社会现象[8]。

笔者认为也可以对嵌入理论及其分析框架进行本土化改造,用来分析职业教育与乡村振兴的关系问题,使用"嵌入"一词,是相对于职业教育长期"脱嵌"于乡村社会的既有状态而言的,职业教育应该融合于乡村社会,以自身的优势服务于乡村社会,回归与回应乡村社会的需求和需要,充当乡村社会振兴的支撑力量。在乡村振兴过程中,职业教育发挥着服务和支持作用,这种作用并不需要破坏和干扰政府、社会及市场力量,而是通过打破之前与乡村社会"悬浮"的局面,以文化引导的方式融合并作用于乡村社会内部的各要素,实现推动乡村社会振兴的目的。职业教育嵌入乡村社会是对乡村社会多元主体的服务和整合,是职业教育的文化资源深入到乡村社会,利用有效的手段和方式激活乡村社会中的各主体和要素共同建设乡村社会,由此实现乡村振兴的低成本、高效率。

一、职业教育嵌入乡村社会的逻辑要求

在借鉴祖金和迪马奇奥创建的嵌入性理论分析框架的基础上,结合具体的问题分析,研究选择文化嵌入、结构嵌入、关系嵌入和认知嵌入四个具体维度构

---

[1] 王思斌:《中国社会工作的嵌入性发展》,《社会科学战线》,2011年第2期,第206-222页。
[2] 丁波:《农村生活垃圾分类的嵌入性治理》,《人文杂志》,2020年第8期,第122-128页。
[3] 易艳阳:《场域嵌入:助残社区组织发展路径探析》,《南京大学学报(哲学·人文科学·社会科学)》,2019年第3期,71-79页。
[4] 朱志伟,徐家良:《公益组织如何嵌入扶贫场域?——基于S基金会扶贫参与策略的案例研究》,《公共行政评论》,2020年第3期,第118-133+197-198页。
[5] 刘鹏:《依附式发展的第三部门》,北京:社会科学文献出版社,2011年,第100-143页。
[6] 何艳玲:《"嵌入式自治":国家——地方互嵌关系下的地方治理》,《武汉大学学报(社会科学版)》,2009年第4期,第495-500页。
[7] 李雪松:《中国基层综合行政执法的改革逻辑:一个"嵌入性"的新议题》,《学习与实践》,2020年第10期,第18-26页。
[8] 赵聚军,张哲浩:《干部挂职:基于政策目标变迁的"嵌入"问题三维呈现与发生机理》,《中国行政管理》,2022年第8期,第59-66页。

建嵌入式服务的逻辑要求,以分析职业教育的嵌入式服务如何融入乡村社会。其中文化嵌入、结构嵌入是基于宏观层面上的分析,关系嵌入是基于中观层面上的分析,认知嵌入是基于微观层面上的分析。

(一)文化嵌入:促进两种文化的融合共通

文化嵌入是"个体对区域文化整体的融入和适应,并受其规制"[①],是职业教育服务乡村社会的逻辑前提。职业教育的服务活动在乡土社会中进行,这就决定了服务活动不仅是教育实践活动,更是文化实践活动。乡土文化对职业教育具有潜在的制约性,即职业教育要服务于乡村社会,在服务过程中要主动选择符合乡村社会人和社会发展需要的文化范式,只有这样才能使服务活动获得力量源泉。

在我国现代化进程中,职业教育"离农""去农"问题十分突出,导致其办学导向与现代化农业发展相背离。首先,职业教育办学目标的偏离。乡村振兴战略背景下,职业教育应该为乡村振兴培养大量的技术技能型人才,但实际上,职业教育在农业现代化过程中却为了适应人们"跳出农门"的思想,实行升学教育,和普通教育抢夺生源。这偏离了其为农村培养乡土人才、服务乡村社会发展的办学目标和定位。其次,职业教育办学方式的城市化。职业教育甚至农村职业教育都是按照城市职业教育的发展模式课程设计开展教育教学活动,教育内容也以传递城市发展需要的职业技术为主。长期以来,职业教育发挥着传播城市文化、培育城市精神、引领城市消费文化的功能。在乡村振兴背景下,职业教育对乡村社会的嵌入式服务面临的首要问题就是文化嵌入,文化嵌入就是将职业教育对乡村社会的服务活动嵌入文化价值观之中,是共同的集体认识和理解在塑造服务战略和目标上的约束。它要求职业教育实现自身文化与乡村社区文化的交流、融合,更好地服务乡村社区,具体来说,包括以下两点:

其一,职业教育要嵌入乡土文化,促进乡土文化回归。"乡村文化是促进产业兴旺、治理有效,实现乡风文明、生态宜居的内生动力。"[②]职业教育要支持和服务乡村振兴就要嵌入乡土文化。职业教育嵌入乡土文化并非要求职业教育走农本主义路线,而是说职业教育既要传授普适性知识,也要传授乡村社会的地方

---

① Cook P, schienstock G: Structural Competitiveness and Learning Regions, *Enterprise and Innovation Management Studies*, 2000, 1(3), 第 265-280 页。

② 潘家恩,吴丹,刘坤:《乡村要素何以回流?——福建省屏南县文创推进乡村振兴的经验与启示》,《中国农业大学学报(社会科学版)》,2022 年第 1 期,第 75-90 页。

性知识,既要传递现代城市文化,又要坚守乡土文化责任。职业教育嵌入乡土文化,一方面为职业教育的发展奠定了文化前提,乡村社会的生产生活知识、精神信仰、传统习俗、道德历史以及乡风文明都是职业教育在服务乡村社会的过程中需要了解和把握的知识;另一方面,也为职业教育更好地服务于乡村社会,赢得乡村民众认同奠定了情感基础,乡村文化受到尊重就会在情感上增加村民对乡村社会的认同感,村民更加热爱自己的家园,更加愿意传播当地的文化,随之,就会增强村民参与服务活动的主动性。职业教育嵌入乡土文化的途径主要有两个方面:就乡土物质文化而言,职业教育要给在乡和返乡的人才进行必要的生存和工作技能的培训;就乡土精神文化而言,职业教育要基于农村最本质的乡土情愫,融入现代城市生活元素,设立适应农民生活需要和生产发展需要的专业,逐步丰富农村的精神文化生活。

其二,职业教育文化反哺乡村,引领乡村文化繁荣振兴。文化反哺是"在疾速的文化变迁时代所发生的年长一代向年轻一代进行广泛的文化吸收的过程"①。我国职业教育长时间的发展历程体现了乡村社会对职业教育的供给和支持的历史轨迹,就如同父辈哺育子代一般。随着城市化进程的加快,职业教育逐渐实现了物理性离乡和精神上去乡村化,②成为城市文化的载体,注重传达现代城市文明。新时期,面对乡村社会相对落后的局面,职业教育应该以自己的文化资源优势反哺乡村社会。职业教育的文化反哺是指职业教育的文化资源嵌入乡村社会之中,以各类职业教育文化机构为主体,进驻乡村社会,并以乡村教师群体作为关键群体,以开展各种文化活动为主要形式,从而丰富乡村文化生活内容,带动村民的文化体验、文化参与,促进农村文化进步的过程。职业教育文化反哺乡村社会的方式主要有两种:一是深度挖掘具有乡村社会地域特点的人文、旅游资源的内涵,通过多元创新融合,建构起可体验、可传播、可传承的文旅产业体系,赋予传统文化以现代意义,使乡村传统文化更富有朝气、更具生命力和吸引力;二是开展有当地村民、文化精英和当地媒体参加的形式多样的文化活动,通过潜移默化的文化熏陶,把具有现代性的精神价值和人文品质注入乡村、反哺乡村,以弥补乡村公共文化资源缺失的现状,并逐渐建构起具有公共性、开放性

---

① 周晓虹:《试论当代中国青年文化的反哺意义》,《青年研究》,1988年第11期,第160-165。
② 薛晓阳:《乡村学校"在乡性"的危机与应对——以"乡村文化教育"作为一种应对战略》,《陕西师范大学学报(哲学社会科学版)》,2022年第1期,第84-95页。

和一定厚度的乡村文化。

职业教育的文化嵌入不仅有利于乡土文化的传承、融合和发展,也有助于在嵌入式服务过程中构建共同体精神,规范乡村秩序。同时,也为乡村社会发展提供了新元素和新动能。职业教育嵌入式服务的目的是实现乡村社会融合协调全面发展,职业教育承载的文化与乡村社会文化具有融合共通性,嵌入及融合是二者共同的价值追求。因此,职业教育嵌入式服务中要以文化嵌入为动力来推进乡村社会振兴。

(二)结构嵌入:获得双向合法性基础

结构嵌入是指将职业教育服务工作作为一个整体进行考虑,从宏观结构层面嵌入到乡镇基层政府和农村社区治理结构之中,并为此构建起相应的支持体系及运行机制,职业教育的外来性决定了其很难完全嵌入到乡土社会并发挥服务作用,因此需要基层政府和乡村社区的支持以及自身的不断探索,结构嵌入能够促进职业教育嵌入式服务的有效进行。

长期以来,农村社会治理具有浓厚的行政化色彩,遵循自上而下的单向行政权力运作,治理主体主要有基层政府和行政化的村委会、党委会,其他社区治理主体基本被忽略。职业教育嵌入式服务乡村社会使社会组织、专业技术人员、居民等作为重要主体参与到乡村社会的治理之中,为多元主体协同参与农村社区治理和公共服务供给提供了现实可能性,推动着农村社区治理从"行政化"向"社会化""专业化"发展。这打破了传统农村社区治理主体单一的局面,丰富了农村社区治理的主体结构,多主体共同参与到社区营造之中,为打造共建共治共享的农村社区治理格局奠定了主体基础。

但是,作为嵌入到乡村"熟人"或者"半熟人的社会"治理主体,职业教育走进乡村社会"现场"以及"进场"之后顺利开展行动都需要获得一定的合法性基础。这一合法性基础来源于自上而下的组织赋权和自下而上的村庄认可。组织赋权是指职业教育的嵌入式服务要获得政府权力的支持和保障,嵌入式服务中的政策设定、执行、监督及考核等阶段都要发挥各级政府的主导作用,职业教育嵌入式服务获得政府权力的支持后,在乡村社区开展活动会更加顺利、高效。民国时期乡村教育运动的事实证明,"没有政府的合作,仅凭教育和学术团体的力量推动乡村教育的发展,近于徒劳",晏阳初、梁漱溟、王拱璧、陶行知、雷沛鸿等知识精英开展的教育实验成功的重要原因就在于他们寻找到当时的政治力量作为依托。[①] 职业教育嵌入式服务的过程就是在农村社会环境、制度设置及政策情境下,不断发挥自身专业技术能力的过程,是运用专业技术能力在乡村社区场域中提升居民的文化水平、精神面貌、权益意识,进而优化农村社区公共服务供给的过程,在这一过程中,专业技术具有十分重要的意义。这就要求职业教育在提供服务时要体现自己的专业技术特长,以此获得被农村社区和居民接受的合法性基础。职业教育的专业技术特色是其获得社区认同和融入乡村社会的关键倚仗,也是避免职业教育服务悬浮于农村社区的重要依托。

职业教育的嵌入式服务具有了上述双重合法性基础就可以发挥信息获得和参与农村社区治理的效应。一方面,可以通过多种途径获取农村社区中其他组织资源及能力的信息,在此基础上有效地加以利用,从而提高服务乡土社会的效率效果,并增强教育服务的资源利用能力;[②]另一方面,可以增强农村社区组织和个人对乡村教育的信任度,促进乡村教育最大化嵌入乡村社会,发挥其提升乡村社会公共服务的效能,从而促进农村社区治理现代化的顺利转型。

(三)关系嵌入:建立双重信任关系

关系嵌入是指乡村教育服务工作的具体开展。嵌入于服务空间内多元主体之间的、具体的、持续运转的社会关系网络中,关系网络的质量状况影响着服务工作的实践过程。乡村社会是一个"熟人社会"或者"半熟人社会",具有差序格局的特殊关系形态,人情关系在乡村社会网络中具有重要作用,职业教育服务活动开展者必然与服务场域内的基层政府和群众发生关联,涉及一些关系的处理。职业教育在开展服务活动时必须认识到关系嵌入的重要性,只有这样才能保证服务活动持续有效地开展,因此,关系嵌入是职业教育嵌入式服务的社会基础。

在全面落实乡村振兴战略的背景下,农村社区成为教育服务体系建设的重点,成为教育公共服务的传导枢纽与承载中心。农村社区组织作为基层行政体系在农村的代理人,集传导者、组织者和协调者的角色于一身。然而,由于繁多

---

① 曲铁华:《民国时期乡村教育的基本特征论析》,《四川师范大学学报(社会科学版)》,2019 年第 46 卷第 3 期,第 81—89 页。

② Uzzi, B. Social Structure and Competition in Inter-firm Networks:The Paradox of Embeddedness, *Administrative Science Quarterly*,1997,42(1),第 35—67 页。

的行政事务和有限的服务能力,农村社区组织并不能满足乡村社区居民的多元教育需求。在此情况下,职业教育嵌入乡村社会,就可以利用乡村社区的公共空间、社区资源,开展多层次的教育服务。为确保服务质量,职业教育一定要与乡村社区建立稳定的信任关系。同时,职业教育要直接服务于农村居民,满足农村居民的多元教育需求,因此,也要与农村居民建立起持久的、亲密的熟人关系。这也就是说,职业教育对乡村社会的关系嵌入要建立起双重信任关系。

在与农村社区的关系维护上,具体提供职业教育服务的组织或机构要通过多层次的服务项目与地方政府建立长期合作关系,要与农村社区组织签订正式的服务合同,坚持长期持续地在该社区开展服务,由此与农村社区之间形成稳定的信任关系;另外,由于职业教育活动的具体实施者经常与农村社区组织成员一起办公、共同交流,彼此之间结成了类同事关系。在关系内容上,职业教育组织或机构定期或不定期地联合农村社区组织开展文化教育活动和技能培训,也会邀请农村社区组织的成员加入培训小组和共建培训平台,这就形成了与农村基层社区组织的密切合作和互动。

在与农村居民的关系维护上,一方面职业教育组织或机构要连续性地服务于该地农村居民,与农村居民建立起相互信任的熟人关系网络,另一方面职业教育组织或机构要满足农村居民的教育服务。一般而言,农村居民的需求涉及两个层面:一是促进家庭和农村社区的经济发展;二是提升自身人力资本和改善生存方式。职业教育的嵌入式服务正好可以满足农村居民的这些需求。其一,职业教育中的学校教育通过改革,扩大规模,提高办学质量,培养高素质人才,这些人具有了高水平的知识、技能和经验之后,在劳动能力和配置能力方面就能得到提高,劳动生产率也会更高,从而收入和地区经济就能得到增长。其二,职业培训和社会职业教育与乡村文化有着天然的联系,教育活动充分挖掘农村地区的传统文化和教育资源,引导农民发展农业产业化,满足农民提升农村居民的人力资本和生存方式的需求。

职业教育与社区、与农村居民形成的双重信任关系能够带来两方面的效应:一是能够获取潜藏在社会背景下的隐性知识,从而更全面地了解和满足农村社区及居民的需求;二是促进培育互动主体之间的互惠意识和长期合作观念,推动建立互动主体之间的行为规范,建立互动主体之间共同解决问题的制度安排,从而成为服务于乡村社区的社会控制机制,发挥其治理效应。①

(四)认知嵌入:磨合双方认知观念

祖金和迪马奇奥认为认知嵌入是"精神过程的结构性规律限制经济理性的方式"②。本文中的认知嵌入包括两个方面:一是职业教育在开展服务时的行为受到所倡导的服务理念、达成共识的价值观和一致遵守的惯例的影响。此种共享知识来源于职业教育提供者开展服务的实践总结,经过一定时间的沉淀,内化为共同的、相对稳定的思维模式和行为动机,成为开展教育活动和提供服务的基本理念和指导思想。二是乡村社会长期形成的群体认知对于农民和农村学生接受职业教育活动的引导或限制,这些群体认知会潜移默化地影响着村民的价值观导向,在很大程度上决定着他们接受职业教育服务活动的行为和效果。

职业教育作为一种与普通教育不同的教育类型,在促进农村精准扶贫和服务经济社会发展方面已经发挥了重要作用,并取得了不错的效果。③ 但因为职业教育认知嵌入的偏差和失调,职业教育开展的服务活动存在着一些现实性问题。为了进一步提升服务乡村社会的效果,职业教育应该变之前的"为乡村居民做主"的观念取向为"以农为本"的认知取向。受"为乡村居民做主"的观念影响,职业教育更多地是以一种俯视的态度关注乡村社会,习惯于根据自身的优势,对课程内容、教学方式和技术支持等进行配置,忽视了乡村社会的实际需要,同时也忽略了不同群体的乡村居民的实际需求,导致不能与乡村社会的自然资源、市场要素和劳动力有效结合,农村资源配置结构性失衡的状态时有发生。为了更好地提供服务,职业教育应该树立"以农为本"的服务理念,从农民、农村和农业的实际出发开展服务活动,以更好地推动乡村振兴战略的实现。首先,职业教育的服务活动要坚持发挥农民的主体作用,职业教育服务的组织形式、服务内容、具体的授课方式都要充分听取广大乡村民众的意见,让农民积极主动地参与到农村职业教育技能培训与服务中。其次,职业教育的服务活动要根据农村社会的实际需要,培养不同类型、不同层次的专门技术人才,全面提升农民社会的人力资本水

---

① 侯仕军:《社会嵌入概念与结构的整合性解析》,《江苏社会科学》,2011年第2期,第86-94页。

② Zukin, S. & Dimaggio, P. Structures of Capital: The Social Organization of the Economy, New York: Cambridge University Press, 1990年,第15-16页。

③ 李鹏、朱成晨、朱德全:《职业教育精准扶贫作用机理与实践反思》,《教育与经济》,2017年第2期,第76-82页。

平。最后,职业教育的服务活动应该对接农村社会的第一、二、三产业发展的需求,增加涉农专业,跟上农村产业结构调整升级和经济社会发展的现实需要。

概括来说,影响作为服务对象的农民和农村学生参与职业教育服务的认知主要表现在两个方面:一是"跳出农门"的思想认知;二是功利主义的思想倾向。长期以来,我国的教育方式和教育内容城市化倾向突出,受此影响,农民和农村学生普遍具有"跳出农门"、到城市生活的想法和认知,他们缺乏对农村生活和农业生产的认同,不愿意务农,也不会务农,对于职业教育开展的服务活动,他们认为没有什么意义和价值,就懒得去参加。即使一些人在外部政策要求和激励之下勉强参与职业教育开展的服务活动,但在功利化思想的推动之下,他们追求立竿见影的经济收益,一旦职业教育不能很好地解决当下实践所需的知识和技能,就对职业教育持怀疑和不认可的态度,不会继续参与职业教育服务活动。这两种认知倾向既阻碍了职业教育的实施效果,也妨碍了农村民众成长为新型职业农民。乡村振兴背景下,职业教育要更好地发挥服务作用就要以新的形式、新的内容、新的方法、新的安排嵌入农民和农村学生的认知,一方面注意培养农民与农村学生"热爱农村""建设农村"的使命感和责任担当,强化他们对于"在农村也可以大有作为"的认识,让他们自觉自愿地留在农村,建设新农村;另一方面培养农民与农村学生的长远意识、大局意识、终身学习意识和自身可持续发展的意识,激发他们系统接受职业教育服务的内部动机。

认知嵌入关注的是乡村振兴背景下职业教育与服务对象之间的相互认知状态。促进乡村振兴战略尽快实现的本质就在于乡村社会内部良好的动力机制的形成和发展,根源就在于乡村民众对于乡村振兴战略的具体实施方式能一致认可和接受。在推进乡村振兴战略的过程中,职业教育作为服务活动和项目的外来提供者,与村委会、村民群众在互动过程中逐渐进行磨合,逐步消除认知失调,进入以共同利益为中心展开系列活动的认知嵌入阶段,通过认知嵌入,凝聚起内部政策共识,增强职业教育参与乡村振兴的嵌入效应。

二、职业教育嵌入乡村社会的实践机制

显然,职业教育进驻乡村社会需要满足文化嵌入、结构嵌入、关系嵌入和认

知嵌入的逻辑要求,在实践中开展服务的机制又是它嵌入乡村社会的又一重要环节。乡村振兴直接关系到产业、人才、文化、生态和组织振兴,乡村振兴需要党中央、基层干部、村民、各类智慧型人才的相互协作,彼此信任[①],需要市场力量、社会力量和行政力量的共同作用。职业教育恰恰可以与这些力量互嵌,激活乡村社会的内生要素,实现乡村振兴。

（一）与市场互嵌下的引导机制

伴随着社会发展,且市场已经全面、深入地影响到了农村社会的各个方面,乡村振兴的基本要求就要不断地适应市场需求,职业教育服务于乡村社会的基本追求就是增强农民在市场中的竞争力。为此,在开展服务时要引导农民与市场对接,实现二者的有机互动。既要引导农民学习和掌握提高市场竞争力的技能,还要引导农民形成面向市场的"文化自觉"。

其一,职业教育要引导农民掌握增收和致富的技能。农民是农村产业发展的内生力量,他们农业技能的掌握状况决定着他们的收入水平是否提升和生活质量是否改善。职业教育可以使农村劳动力和农业技术得到高效率的配置,提高农民的技能水平,使得劳动力转变为人力资本,实现人力资本增值,提高劳动生产率,提升农民收入水平以及促进农村经济的持续增长。也只有在农民普遍掌握了一定的农业技术的基础上,才能更好地实现农村产业的规模化、标准化和规范化,才能使农村地区和农民具备发展的内在活力,造血功能不断增强,其发展才具有可持续性。但是市场面向每一个人,并非每一个人都能于市场中获得合理的收益,单纯的技术和知识传授并不能改变农民的处境,只能使他们不断处于依附于市场主导者的不利地位。所以,在技术和知识传授之外,还应该注重引导村民面向市场进行产业化生产。

其二,职业教育要引导农民形成面向市场的"文化自觉"。文化自觉是"生活在一定文化中的人对文化有自知之明,明白它的来历、形成过程,所具有的特色和它发展的趋向,自知之明是为了加强文化转型的自主能力,取得决定适应新环境、新时代文化选择的自主地位"[②]。市场为农村居民认识自己的产业发展提供

---

① 郭俊华,卢京宇:《乡村振兴:一个文献述评》,《西北大学学报(哲学社会科学版)》,2020年第50卷第2期,第130-138页。

② 费孝通:《反思·对话·文化自觉》,《北京大学学报(哲学社会科学版)》,1997年第3期,第15-22+158页。

了平台,通过这个平台,农村居民不仅可以对产业发展的优劣有着明确的"自知之明",还可以充分认识相应产业的发展价值,将"自知之明"和产业发展结合起来,既可以更好地把握市场,理解乡土文化在市场中的需求与价值,又可以创造出新的市场需求,引领农村文化产业的发展。在面向市场的文化自觉意识引导下,村民作为主体,在将所学的知识、技能转化为最终收益时,既要充分考虑市场的需求和运作逻辑,同时要对自身所属的乡土文化有种自知、自省以及自我超越的态度和行为,由此增强其对农村社区的归属感、认同感及责任感,并借助职业教育的传承和创新功能寻求自身乃至乡村社区的发展,从而变"输血"式发展为"造血"式发展。面向市场的"文化自觉"意识的培养要把握两个方面:第一,合理设置教育内容,形成"文化自觉"意识的重要载体。既要开设针对乡土社会的历史和文化方面的课程,又要开设针对相应产业的技艺类课程,唯有这样才能更好地实现经济发展与乡土文化传承的衔接,为乡村振兴提供动力源泉。第二,参与农村产业发展,创建与企业的联系,以实现人才培养与市场的有效对接。单纯技能传授的教育服务并不能在技能和市场之间建立起联系,效果也会大打折扣。[①]职业教育应该主动参与到乡村产业发展中,这样,既可以为乡村产业发展提供智力支持和技术支撑,也可以为产业发展提供技术转化和就业市场。另外,职业教育参与农村产业发展可以调动起那些原本不想参加乡村产业发展的民众的积极性,带动他们自主嵌入农业市场,调整农业产业,形成一条促进"全民文化自觉"的乡村振兴之路。

(二)与行政力量互嵌下的公共性再造机制

"教育公共性是现代公共教育制度的核心理念和价值,教育公共性的功能主要有实现民族国家认同、发挥社会动员与团结力量、实现个体向上社会流动。"[②]但因为社会变革,在农村教育的公共性逐渐弱化,这就消减了农民对国家的认同及农村集体的团结力,不利于乡村振兴的实现。职业教育要调动起乡村振兴的内生力量,就要重塑公共性。公共性的重塑不是职业教育自主实现的,需要国家行政力量的介入,但国家行政力量的介入不是完全行政强制性的,而是与职业教

[①] 段会冬:《被"窄化"的教育扶贫——黎族织锦专业发展的问题与反思》,《民族教育研究》,2018年第29卷第4期,第52-57页。

[②] 郑新蓉,王国明:《教育公共性的嬗变——也谈我国农村教育兴衰》,《妇女研究论丛》,2019年第1期,第23-32页。

育形成互嵌,以实现农村教育服务的公共性供给,推动乡村振兴的实现。

职业教育与行政互嵌下的公共性再造就是职业教育在行政力量的支持下开展公共教育服务。具体而言,行政力量对职业教育的支持作用有三个:一是为职业教育提供教育财政供给,出台促进职业教育发展的政策和监督职业教育服务的实施效果;二是有效地规范职业教育场域中不利于甚至有损于教育公平的行为和现象;三是引导和鼓励社会力量参与教育活动,维护教育公平和教育秩序。职业教育在行政力量的支持下,发挥自身在教育服务中的自主性和积极性,创新服务形式,提升服务效果。首先,职业教育要在村落中开展各种旨在复兴农村大公共教育理念的活动。活动对象涉及学龄儿童、中间农民、进城农民、半耕半工农民、留守老弱病残农民,在所有这些农村群体中开展教育扶持与动员就可以获得村落基础,为建构农村集体生活提供可能。其次,职业教育要探索建立规范的公共性教育服务体系,凸显出重构公共性的能力。这一环节主要包括两个方面:一是建立由农村社区居民需求的识别机制、整合机制、传递机制和反馈机制构成的服务流程系统,改变农村社区教育服务无序化以及规章制度不健全的状态,使农村社区教育服务由不规范到规范,由粗放化到精细化,迅速有力地推进教育服务状态的根本转变;二是建立覆盖县域—乡(镇)域—村域的职业教育服务层级供给体系,形成县域有职教中心进行学历教育和职业培训,乡(镇)有职业技术学校设立的教育服务点,村域有职业教育服务合作社的教育服务供给网络,以整体性力量激活教育服务的内生性力量。最后,职业教育要充分激活一线乡村教师的积极性。乡村教师集公共性身份和掌握知识权威于一身,公共性身份为他们开展教育服务提供了合法性,而知识的稀缺性和权威性又为他们开展教育服务提供了能力,能够在价值引导、社会动员、相互激励和情感支持方面发挥重要的作用,有利于教育服务活动和项目的开展。

(三)与社会力量互嵌下的吸纳机制

当前,农村社会所面临的基本环境主要有两个特征,一是现代化进程中的权威危机,因此,需要一个维护社会秩序的有力力量,以保证社会变迁的持续性;二是注重发展的时代主题,农村社会要发展、治理要创新就需要在政府领导的框架内有序增加社会自治的元素。而职业教育正好是实现行政权力和社会自治的有机结合,创新农村基层社会治理的有效载体,通过职业教育的吸纳机制能弥合乡村社会治理中行政主导力量与社会自治力量之间的结构性张力。职业教育的吸纳机制是指职业教育通过对乡村社会资源的吸收和整合,依靠农民等社会性力量来加强农村社会建设,并在此过程中不断扩大影响范围,扩充可用的服务资源,从而实现提升公共服务的合法性与有效性的目标。

吸纳机制包括组织上的吸纳和互动上的吸纳两个方面。组织上的吸纳是静态层面上职业教育服务组织对农民群体的吸纳,动员全体农民参与,充分利用农民的自主力量。职业教育在开展服务活动时需要在乡村社会建立面向一乡、一村全体民众的基层服务组织。有了这种组织就可以进行以组织化为导向的资源整合和服务网络建设,一方面,可以更好地吸引既包括本地村民也包括外来的社会工作者、大学生村官、志愿者等在内的"新乡贤"运用所学知识和所具有的资源回馈家乡,并推动培养农村本地优秀人才,从而更好地促进乡村振兴;另一方面,可以创新职业教育服务的形式和提高服务质量,发挥教育优势,全面服务乡村振兴战略。

互动上的吸纳是从动态层面揭示职业教育服务对农民群体的吸纳,职业教育可以通过一些平台的搭建、活动的开展为农村群体赋能,调动他们参与的积极性。具体而言,互动上的吸纳有三种方式:第一,可以通过民主理论及相关知识的普及教育培养和引导农民的民主意识、民主素质,培养他们独立的政治人格,保障他们有序参与村庄治理和乡村振兴事务。第二,可以开展文化教育和技能培训增强农民的人力资本。通过农业技术培训来更好地满足市场需求,增加农民收入,通过非农技能培训可以助力农民在非农就业岗位上的发展,通过进行市场营销、经营管理、法律和相关政策等方面的培训,可以增加农民创业收入。第三,可以打造农民互动的公共空间,培养农民的集体观念,建设集体文化。职业教育服务形式灵活多样,通过村民喜闻乐见的文化形式将国家的方针政策和道德风尚内容传递给民众,让民众既能接受又愿意交流;通过举办象棋协会、读书协会和夜校等将村民组织到集体活动中,让村民在集体活动中认识到参与集体行动的必要性,形成新的认同感和归属感,从而构建一种集体意识,这对于加强村民合作能发挥很好的作用。

通过职业教育的组织吸纳和互动吸纳,全体村民共同参与,成为乡村振兴的自发力量,与其他主体形成社会合力,推动乡村治理成功转型和乡村振兴战略的实现。

乡村振兴的关键是以职业教育为支点,带动乡村的产业、生态、文化和社会生活等方面的全面改善和提高,但职业教育以何种方式、如何来推动乡村振兴需要更多的实践探索和理论总结。基于对当前农村社会条件的认知和职业教育属性及功能的把握,对职业教育嵌入乡村社会的逻辑要求和实践机制进行了论述,以此回应职业教育如何在乡村振兴过程中发挥服务作用。有研究表明,乡村振兴的外部推动与内部动员需要职业教育介入。职业教育的嵌入式服务需要促进城市文化和乡土文化的融合互通,需要获得组织上的赋权和村民认可的合法性基础,需要与乡村社区和乡村居民建立起双重信任关系,需要转变服务提供者和接受者双方的认知,以更好地增强职业教育的嵌入效应。在实践过程中,职业教育通过与市场力量互嵌发挥的引导机制,与行政力量互嵌再造的公共性机制,与社会力量互嵌产生的吸纳机制,来撬动与整合农村社区的多元要素,激发起乡村振兴的内生力量,由此推动乡村高效快速地发展。这种嵌入式服务,有效整合和平衡了市场、行政、社会力量的关系,能够使职业教育承担起对接乡土社会发展的重任。

乡村振兴是个渐进的过程,应该遵循其基本规律和农民这一最重要主体的自身需求,进行有序推动。乡村振兴"其功夫始终全在教育",乡村振兴"必自教育始",职业教育作为教育种类的重要组成部分,更能适应乡村振兴的需要,是乡村振兴的逻辑生长点。为了更好地发挥职业教育在乡村振兴中的生长点作用,应该从以下几个方面努力:第一,强化职业教育内容对乡土文化的对接和职业教育对乡村产业的参与式服务,以此更好地培养农民们面向市场的文化自觉意识,走内生发展为主的乡村振兴之路;第二,建立健全职业教育服务网络,创新教育服务活动,以此增强职业教育服务对农村群体的吸纳作用;第三,政府为职业教育服务的开展提供全方位的支持,职业教育在政府支持下多开展公共教育服务,以此夯实教育的公共性基础。

第三节 "离农"抑或"为农"——乡村教育改革的时代抉择

一、城市化导向的"离农"教育有助于农村学生实现社会流动

以"离农"还是"为农"作为考察当前农村教育的基本价值向度,当前农村教育的整体设计是"离农"的。"离农"教育是指教育架构以城市社会生活和文化为中心,培养离开农村、农业和农民进入城市主流文化而不是回归农村社会的

人才。

受到城市化取向的影响,长时间以来,我国农村学校教育的最大目标是让农家子弟摆脱乡村生活,进入城市社会,而考大学是达成这一目标的最有效方式,这就是传统的"读书改变命运"观念。农村家长、学生和老师都对这一信念深信不疑,农村学校教育被窄化为对考试成绩的追求,一切以考试成绩为主,这就忽略了考试内容之外的其他有价值的内容,也会忽略一些极具发展潜力、但并不适合考试的学生,也相应地阻碍了部分农村学生的发展。受过这种教育的农家子弟通过努力考试,在高考中获得优异成绩,考上理想大学,实现"鲤鱼跃龙门",实现社会地位的提升,这自然是许多农村子弟的梦想。

在城乡社会差距极为明显的制度架构内,"离农"教育是农家子弟向上流动的阶梯,是农家子弟改变底层命运,实现阶层流动的最主要动力。"离农"教育有其存在的合理性和正当性。当前社会主流文化是城市文化,城市化是不可逆转的潮流,"离农"教育鼓励农村孩子追求城市化,为农村孩子提供了上升性流动机会,迎合农村家庭和学生需要,如果否定了"离农"教育,实际上是否定了农村孩子上升性流动机会,否定教育的社会流动功能。"离农"教育是由现代教育制度特性决定的。现代教育制度是欧美国家工业文明的产物,其传授的课程内容和培养目标是适应社会化大生产的需要,它与传统耕读文明在本质上不相适应。离农教育包括课程、教学和考试等,以城市化为导向,日益疏远乡村社会和文化,离农教育为城市输送人才和资源。农村中有知识、有能力的人通过城市化教育实现社会流动,大量精英人才外流又不断加深了城乡文化差异,农村教育和农村社会陷入更为边缘化的境遇。

"离农"教育制度架构的设计,与城市化、工业化思路相互联系在一起,在后发展国家工业化赶超战略影响下,农村既是国家经济建设和工商业发展的人才选拔基地,又是移植城市模式的母体,这种现代化的思路背后隐藏的逻辑是,在国家与城市工商业发达之后,再用城市的资金,按城市的模式将乡村复制成新的城市。[1] 后发展国家的现代化模式常常是以牺牲农村为代价的。[2]

---

[1] 李小敏:《村落知识资源与文化权力空间》,载丁钢.中国教育:研究与评论[M].北京:教育科学出版社,2001年,第20页。

[2] 张济洲:《农村教育不能永远姓"农"——论城乡教育关系的现实定位》,《教育学术月刊》,2008年第11期。

但是"离农"教育的弊端显而易见,它的本质与自给自足的小农经济具有不兼容性,必然与传统的小农经营模式产生摩擦与冲突。所谓"书越读越蠢,学过的用不上,要用的又没学""种田不如老子、喂鸡不如嫂子"等论调,表达了这种教育与农村社会的矛盾。①"离农"教育造成农村知识精英涌向城市,必然造成农村人才资源的匮乏,从根本上滞缓了农村发展的步伐。这种脱离农村的学校教育在筛选少数人进入城市的同时,也淘汰了大量的农村人,这些被贴上教育失败标签的"不幸儿"怀着失望、不安的情绪无奈地留在农村,他们又将走出乡村的梦想寄托于下一代。

应该认识,"离农"教育仅仅是通向城市和向上流动的狭隘渠道。但是在城乡结构壁垒未消除的前提下,如果我们一味地要求农村教育以农村文化和知识为载体,而教育架构中的学校课程、教材和考试中的城市化导向明显,实际对农村孩子个体流动和发展极为不利。

二、"为农"教育片面强调立足农村社会,实际不利于农村学生社会流动

"为农"教育,顾名思义是为农村社会服务的教育,以适应农村实际生活和文化需求为特征,根据农村生活实际需求为旨归,设计课程与教学体系,实现农村社会与农村教育良性运行。

但是"为农"教育只追求本土化,反对城市化,那么农村孩子无法进入主流社会,结果只能实现农村内的循环再生产。"为农"教育架构强调农村教育立足于农村实际生活,这种教育模式旨在改革脱离农村、农业和农民的城乡同构教育体制。但是从另一个角度思考,"为农"教育模式立足培养农村学生参与农村社会建设,学习农业技术知识,为农村社会服务。在城乡差距下,"为农"教育模式在某种程度上弱化农村学生向上流动的概率,减少他们流向城市文化的机会。如果农村教育鼓励农村学生安守农村,农村孩子无法进入城市主流文化,更不利于农村社会阶层之间的合理化流动。

但是"为农"教育一直受到知识精英和政府的支持和鼓励。二十世纪以来,在西方工业文明的入侵下,城乡关系逐步发生变化,国民政府提倡国民新教育具

---

① 张济洲:《"离农"?"为农"?——农村教育发展中的悖论》,《当代教育科学》,2005年第19期。

有明显的城市化偏好,实际上加快农村精英离开农村的步伐。政府主导新教育拉大城乡教育差距,建立在工业文明上的新教育在本质上与乡村疏离,并没有实现现代化强国的梦想,农村社会弊端丛生,国民识字率下降,文盲问题日益突出,新学与旧学的冲突,农村教育愈加疏远农村社会。民国乡村教育改革家们更是不遗余力地批判以城市为目标的新教育,希望从改革农村教育入手,达到改进农村生活,建设新农村的目的。

乡村教育危机激发乡村教育运动。乡村破产,教育衰败,引起有识之士关注。二十世纪二三十年代,潘光旦、梁漱溟、陶行知、晏阳初、雷沛鸿等学者开始反思新教育带来的社会问题。潘光旦认为政府主导的所谓新式教育是西洋化、贵族化和城市化,是一种"忘本的教育";从事乡村建设运动的梁漱溟对农村教育有着深刻的体验,他批判"民国"以来几十年西洋化的新教育完全脱离中国国情,激发农村年轻人的欲望,导致大量农村精英外流,却无社会生活生存能力,这种西式教育仅将农村年轻人沦为高等乞丐。[①]

二十世纪三十年代张宗麟先生谈到乡村教育、乡村教师与村民的隔阂现象时,反问道:"中国至少办了三十年的学校,为什么乡村人民对学校还不信任?为什么乡村教师在乡村的威信一天不如一天?为什么乡村学校的毕业生不愿意住在乡村,大都想跑到城市里去?为什么没进过学校的农民对于种田的方法比许多农林学校的毕业生都有把握?"[②]

二十世纪三十年代我国乡村建设和教育改革运动主导取向是基于农村社会和生活实际需要,其价值旨归和立足点是"为农"教育。民国乡村教育运动的特征,将农村教育与城市割裂开来,立足农村社会和乡土文化建设,实现农村社会和经济复兴,事实上仅是一厢情愿的幻想。

二十世纪六十年代"教育革命""为农"教育达到极致。毛泽东早年就批评,"乡村小学的教材,完全说些城里的东西,不合农村需要。"毛泽东对农村教育城市化极为不满,我国现代教育制度是在借鉴欧美、苏联等国家的基础上形成的,制度化的教育侧重主智主义,严重脱离农村实际。

---

① 梁漱溟认为,"政府、外国人与为他们服务的教育家站在村子外边说:'我给你们办所小学吧!'这样的教育实践对村庄意味着什么?"梁漱溟:《梁漱溟教育论著选》,北京:人民教育出版社,1994年,第19页。

② 张宗麟,张沪:《张宗麟幼儿教育论集》,长沙:湖南教育出版社,1985年,第34页。

二十世纪八十年代后期,农村教育严重脱离农村实际生活的弊端愈益突出,我国政府开始推行普通教育、职业教育和成人教育的"三教统筹"模式、"农科教"统筹模式等多种形式的农村教育综合改革,这些实验和改革纠正农村教育"离农"弊端,促进农村社会发展,增强农村经济活力,在部分地区取得成功。但是随着城市化发展以及市场机制导致农业收入递减,各种形式的"为农"教育改革最终陷入困境,难以为继。

"为农"教育为什么陷入困难?农业社会向工业社会转变是不可逆转的时代潮流,农村教育改革的重心不能仅仅局限于民国教育家的乡土教育,在新型城镇化背景下,农村教育必须为农村城镇化、农民市民化服务,农村教育的培养目标是培养现代化公民,如果农村教育目标定位仅仅局限于"养猪""种田"等传统目标,这与我国农村工业化、城市化的时代潮流相背离。

在城镇化、工业化和农村现代化背景下,"离农"派本质上是城市本位的,强调了"离农"所带来的好处,却没法回应农村社会的现实问题;而"为农"派实际上描述了一幅带有怀旧色彩的农村社会理想蓝图,同样无法论证"为农"方案的现实可行性。

农村学校面对的不再是农村社会体系,而是要成为连接城乡的纽带。社会流动意义上的"离农"将会是一个长期趋势,学校教育的任务并不是阻断这种趋势,而是帮助个体改善境遇,为他们拓宽选择的空间。

三、城乡教育一体化中的"和而不同"和"美美与共"

当前城乡教育发展,必须在城乡教育关系框架内整体讨论农村教育发展路径。城乡教育一体化,并不意味城乡教育同质化、农村教育城市化,它是立足于城乡共同发展,实现城乡优势互补之基础上,破除"为农"教育与"离农"教育悖论,必须重塑城乡关系,遵循乡村发展规律,实现城乡教育统筹发展。

化解"为农"教育与"离农"教育的悖论关键在于城乡一体化。城乡一体化实质上是针对现代化进程中城乡关系的定位转型和重组,城乡资源要素、制度等方面的均衡配置和推进。

城乡一体化必然要求城乡教育一体化,城乡教育一体化必须反对脱离城市化和城市教育体系,鼓励规划、改革和发展农村教育;同时城乡教育体系设计,必须反对单纯脱离农村教育,片面强调城市教育突飞猛进一枝独秀。在城乡二元体制框架下,城乡分割乃至对立的教育设计体系必然导致农村教育定位的边缘化,如果农村教育定位片面,脱离城市化,孤立地谈论农村教育,必然会导致农村教育陷入日益边缘化的处境。

从宏观制度设计方面,推进城乡教育一体化中的"和而不同"和"美美与共",城市教育与农村教育应该既有教育的共同本质,又因受教育群体和教育资源的差异而各具特色。城乡教育发展的终极模式,交集部分是公民的核心素养,差异部分是城市和乡村各自的生产生活经验和地域文化。

由城乡教育的优劣思维转向城乡教育的特征思维。在优劣思维框架下,人们往往把城市教育标签化地看作是现代的、优质的,农村教育是落后的、劣质的。城乡教育特征思维是把城市教育与农村教育看作是两种不同特征的教育。基于"美美与共"思维研究农村教育的特点,充分挖掘农村教育的优势,融入现代教育观念,全面提升农村教育质量。

其一,从制度层面整合城乡公共资源,使之享受均等化的政府服务体系。转变政府职能,强化公共服务和社会管理。当前"城乡分治"的格局仍然未根本转变,长期以来由于城乡各种要素分割,资源配置失衡,农村教育滞后、发展机会较少,导致农村学生渴望通过教育流向城市,实现地位提升,教育的工具价值极大张扬,教育育人本体价值反而欠缺。越是大城市,其拥有的资源和机会越是富裕,越是县镇、农村,其获得资源方面越处于劣势地位,农村在公共资源获得等方面仍然处于弱势地位。在城镇化的浪潮中,资源更是向城镇聚集,城乡资源共享共荣,并未真正形成,于此背景下,城乡教育一体化并未建立起真正的运作机制。罗尔斯认为一个正义的社会,不仅强调机会均等,而且注重弱势群体利益补偿原则。在城乡差距明显的现状下,城市理应反哺农村,加强对农村各种基础设施和资源配置的补偿,促进城乡共同发展。

其二,适应农村社会结构变化,构建多层次、多类别农村教育体系。农村工业化和城镇化已经成为不可逆转的潮流,农村教育必须适应农村社会转型,当前农村社会正处于传统农业升级转化关键时期,农民非农化发展以及市民化成为时代不可逆转的潮流,当前大量农村劳动力向城市流动,在城镇从事二、三产业劳动,传统农业改造也在蓬勃开展。农村教育价值取向,必须立足于城乡社会结构转化、升级,以及农村劳动力城镇化流动,农村城市化仍然需要较长的过程,因而农村学校教育仍然需要为农村学生升学向上层社会流动服务；同时为农村校外流动青年流向城市工作服务，进而为农村留守人口转为现代化新型农民服务。

但是，农村教育主要是指义务教育阶段中小学，为成年农民和外出务工子弟提供的成人教育和职业教育严重匮乏，农村教育体系单一化和封闭化，导致无法适应城镇化多元教育需求。农村不同的教育类型适应和服务的教育对象不同，他们教育定位的侧重点不同，农村义务教育阶段不能局限于"为农"教育，仅仅使之安守农村，服务农业，而应该和城市孩子一样，素质全面发展，不能因为地域差异而产生质量差异。

由教育实现"离农"的可能性，始终是农村家长支持教育的主要动力。农村义务教育培养的人才，既可以为农村社会发展服务，又可以离开农村为城市发展服务。基础教育坚守城乡共同发展，均衡提升质量品质，促进农村教育体系结构和层次多样化，各类成人学校以及职业教育培训机构理应承担农民技能和技术培训责任，为农民市民化服务，为农民进城发展服务，为农村城镇化服务。"离农"与"为农"之争，其实质是执迷于农村单一教育阶段，而呈现选择悖论。当前农村教育需求多元化，农村教育形态多样化，既立足于农村建设和农业现代化生产，又立足于为农村城镇化、农村劳动力城市转移服务。

参考文献

著作类：

[1]曹天忠.教育与社会改造：雷沛鸿与广西近代教育及社会[M].天津：天津古籍出版社,2004.

[2]程本海.乡村师范经验谈[M].昆明：中华书局,1939.

[3]杜亚泉,胡愈之,等.东方杂志[M].上海：上海书店出版社,1910.

[4]杜赞奇.文化、权力与国家：1900—1942年的华北农村[M].南京：江苏人民出版社,2003.

[5][法]布尔迪厄.文化资本与社会炼金术：布尔迪厄访谈录[M].包亚明,译.上海：上海人民出版社,1997.

[6]费孝通.费孝通文集（第1卷）[M].北京：群言出版社,1990.

[7]费孝通.禄村农田[M].北京：商务印书馆,1944.

[8]费孝通,吴晗.皇权与绅权[M].天津：天津人民出版社,1983.

[9]费孝通.乡土中国生育制度[M].北京：北京大学出版社,2006.

[10]高平叔.蔡元培全集（四）[M].北京：中华书局,1981.

[11]古楳.现代中国及其教育（下册）[M].北京：中华书局,1932.

[12]胡德海.雷沛鸿与中国现代教育[M].兰州：甘肃教育出版社,2001.

[13]胡晓风.陶行知教育文集[M].成都：四川教育出版社,2007.

[14]华中师范学院教育科学研究所.陶行知全集（第1卷）[M].长沙：湖南教育出版社,1984.

[15]黄仁宇.地北天南叙古今[M].北京：三联书店,2007.

[16]黄宗智.华北小农经济与社会变迁[M].北京：中华书局,2000.

[17]江苏省陶行知研究会,南京晓庄师范学校.陶行知文集[M].南京：江苏

教育出版社,2001.

[18]雷通群.教育社会学[M].福州:福建教育出版社,2008.

[19]李景汉.定县社会调查概况[M].北京:中国人民大学出版社,1986.

[20]梁漱溟.梁漱溟全集(第2卷)[M].济南:山东人民出版社,2005.

[21]廖泰初.动变中的中国农村教育研究——山东汶上县教育研究[M].个人刊印,1936.

[22]刘大鹏.退想斋日记[M].太原:山西人民出版社,1990.

[23]刘鹏.依附式发展的第三部门[M].北京:社会科学文献出版社,2011.

[24]刘应杰.中国城乡关系与中国农民工人[M].北京:中国社会科学出版社,2000.

[25]鲁迅.鲁迅全集(第5卷)[M].北京:人民文学出版社,1981.

[26]吕达,刘立德.舒新城教育论著选[M].北京:人民教育出版社,2004.

[27]罗荣渠.现代化新论(增订本)[M].北京:商务印书馆,2004.

[28]罗志田.权势转移:近代中国的思想、社会与学术[M].武汉:湖北人民出版社,2000.

[29]毛礼锐、沈灌群.中国教育通史[M].济南:山东教育出版社,1988.

[30]毛泽东.《毛泽东选集》(第1卷)[M].北京:人民出版社,1991.

[31][美]费正清,费维恺.剑桥中华民国史:1912—1949年[M].杨品泉,等译.北京:中国社会科学出版社,1993.

[32][美]费正清.美国与中国[M].北京:世界知识出版社,1999.

[33][美]吉尔伯特·罗兹曼.中国的现代化[M].南京:江苏人民出版社,1988.

[34][美]迈克尔.M.阿普尔.文化政治与教育[M].阎光才,等译.北京:教育科学出版社,2005.

[35]上海市中等学校训育研究会.中等学校训育法令汇编[M].上海:中国女子中学,1935.

[36]舒新城.近代中国教育史料补编[M].上海:中华书局,1928.

[37]陶钝.一个知识分子的自述[M].济南:山东人民出版社,1991.

[38]陶行知.陶行知全集(第1卷)[M].成都:四川教育出版社,2005.

[39]陶行知.行知诗歌集[M].北京:三联书店,1981.

[40]田正平,肖朗.世纪之理想——中国近代义务教育研究[M].杭州:浙江教育出版社,2000.

[41]托马斯·R·戴伊.理解公共政策[M].谢明,译.北京:中国人民大学出版社,2010.

[42]王强,马亮宽.何思源——宦海沉浮一书生[M].济南:山东人民出版社,1996.

[43]王文岭.晓庄师范与民国乡村建设[M].南京:河海大学出版社,2017.

[44]王锡彤.抑斋自述[M].开封:河南大学出版社,2001.

[45]王先明.近代绅士——一个封建阶层的历史命运[M].天津:天津人民出版社,1990.

[46]吴家莹.中华民国教育政策史[M].台北:五南图书出版公司,1990.

[47]徐莹晖,徐志辉.陶行知论乡村教育[M].成都:四川出版社,2010.

[48]杨懋春.一个中国村庄山东台头[M].南京:江苏人民出版社,1996.

[49]杨善华,谢立中.西方社会学理论(下卷)[M].北京:北京大学出版社,2006.

[50]恽毓鼎.恽毓鼎澄斋日记[M].杭州:浙江古籍出版社,2004.

[51]赵承福.山东教育通史(近现代卷)[M].济南:山东人民出版社,2001.

[52]周邦道.第一次中国教育年鉴(甲编)[M].上海:开明书店,1932.

[53]周积明,宋德金.中国社会史(下卷)[M].武汉:湖北教育出版社,2000.

[54]朱有瓛.中国近代学制史料(上册)[M].上海:华东师范大学出版社,1989.

[55]DeBary. *Die Erscheinung der Symbiose*[M]. Privately Printed,1879.

[56]granovetter M,swedberg R. *The Sociology of Economic Life*[M]. Boulder：Westview,1992.

[57]S. Zukin, P. DiMaggio. *The Structure of Capital：The Social Organization of the Economy*[M]. New York：Cambridge University Press,1990.

论文类：

[1]舜生.中国的绅士[J].中国青年,1924(17).

[2]刘海峰.科举制百年祭[J].北京大学教育评论,2005(4).

[3]杨国强.学堂与社会之间:清末的兴学和毁学[J].上海师范大学学报(哲学社会科学版),2021(5).

[4]关晓红.科举停废与近代乡村士子——以刘大鹏、朱峙三日记为视角的比较考察[J].历史研究,2005(5).

[5]井俊起.雪苑戆叟忆往[J].河南文史资料,1990(35).

[6]李建东.政府、地方社区与乡村教师:靖远县及23个县比较研究[D].北京:北京大学,1996.

[7]何思源.什么是求生教育[J].民众周刊,1934.

[8]杨效春.行将一岁的南京试验乡村师范[J].中华教育界,1928,17(5).

[9]李锋,史东芳.陶行知乡村教师本土化培养思想及现实价值[J].教育学术月刊,2020(2).

[10]姚荣.从"嵌入"到"悬浮":国家与社会视角下我国乡村教育变迁研究[J].清华大学教育研究,2014(4).

[11]吴彦芳.近代新式学堂教育与农村问题[J].西北民族大学学报(哲学社会科学版),2010(3).

[12]渠桂萍.乡村振兴视域下陶行知乡村教育思想再审视[J].山西大学学报(哲学社会科学版),2022(1).

[13]葛新斌.农村教育:现代化的弃儿及其前景[J].教育理论与实践,2003(23).

[14]杨东平,王帅.从网点下伸、多种形式办学到撤点并校——徘徊于公平与效率之间的农村义务教育政策[J].清华大学教育研究,2013(5).

[15]熊春文."文字上移":20世纪90年代末以来中国乡村教育的新趋向[J].社会学研究,2009(5).

[16]纪德奎,孙春晓.乡村教育与乡土文化的疏远与扭转——基于对"文字上移"运动的反思[J].天津师范大学学报(基础教育版),2018(1).

[17]孙杰远.乡村教育应在文化选择中重塑主体性和自觉性[J].探索与争鸣,2021(4).

[18]王伟.论乡土文化传承教育的民生转向与人文关怀[J].教育科学研究,2020(6).

[19]刘铁芳.乡村的终结与乡村教育的文化缺失[J].书屋,2006(10).

[20]舒丽瑰.阶层分化视角下的农村学生进县城就学潮分析[J].中国青年研究,2021(1).

[21]肖军虎,王文萌.农村学生进城就读的问题及对策研究[J].教育理论与实践,2019(34).

[22]葛春,夏正宝.弱者的"日常反抗"及其农村教师的适用性研究[J].江苏社会科学,2012(S1).

[23]赵蒙成.社会资本对新生代农民工就业质量影响的调查研究[J].人口与发展,2016(2).

[24]孙丽芝.价值理性回归:大学教师教学发展的必由之路[J].黑龙江高教研究,2018(4).

[25]刘科,李晓东.价值理性与工具理性:从历史分离到现实整合[J].河南师范大学学报(哲学社会科学版),2005(6).

[26]蒋凯.为竞争而训练——过度教育竞争的根源与后果[J].教育发展研究,2009(Z1).

[27]傅淳华.论学校制度情境中学生竞争性观念之生成[J].湖南师范大学教育科学学报,2015(11).

[28]徐清秀."读书有用论"下的辍学迷思——基于自我认同视角[J].北京社会科学,2020(9).

[29]赵旭东,孙笑非.中国乡村文化的再生产——基于一种文化转型观念的再思考[J].南京农业大学学报(社会科学版),2017(1).

[30]郭建如.基础教育财政体制变革与农村义务教育发展研究:制度分析的视角[J].社会科学战线,2003(5).

[31]关颖.家庭教育方式与儿童社会化[J].天津社会科学,1994(4).

[32]徐传新.留守儿童教育的社会支持因素分析[J].中国青年研究,2007(9).

[33]周洪宇.核心素养的中国表述:陶行知的"三力论"和"常能论"[J].华东

师范大学学报(教育科学版),2017(1).

[34]徐清秀.农村家长参与学校教育低迷的原因及疏解——地方性知识的视角[J].中国教育学刊,2021(9).

[35]杜育红,杨小敏.乡村振兴:作为战略支撑的乡村教育及其发展路径[J].华南师范大学学报(社会科学版),2018(2).

[36]邬志辉,任永泽.精神培育:新农村建设背景下农村教育的使命[J].东北师大学报(哲学社会科学版),2008(1).

[37]薛晓阳.乡村伦理重建:农村教育的道德反思[J].教育研究与实验,2016(2).

[38]孙杰远.论自然与人文共生教育[J].教育研究,2010(12).

[39]吴晓蓉.共生理论观照下的教育范式[J].教育研究,2011(1).

[40]朱成晨.农村职业教育发展的共生逻辑:结构与形态[J].华东师范大学学报(教育科学版),2022(7).

[41]解光穆,谢波.乡村教师队伍支持政策精准落地讨论三题[J].教育发展研究,2017,37(10).

[42]李华胤.政策落地:探索村民自治基本单元的现实因素[J].西北农林科技大学学报(社会科学版),2016,16(03).

[43]刘复兴,曹宇新.新发展阶段的乡村教育振兴:经验基础、现实挑战与政策建议[J].西北师大学报(社会科学版),2022,59(01).

[44]庞丽娟,金志峰,杨小敏.新时期乡村教师队伍建设政策研究[J].中国行政管理,2017(05).

[45]董春华.陶行知乡村教育思想对当代农村教育的启示[J].教育探索,2012(08).

[46]王文岭.陶行知乡村教育改造思想述论[J].南京晓庄学院学报,2016,32(04).

[47]梁淑美,司洪昌.对陶行知乡村教育思想的评述与反思[J].国家教育行政学院学报,2009(11).

[48]黄友珍.论陶行知的乡村教育思想及现实意义[J].教师教育研究,2006(04).

[49]代晗蕊.陶行知乡村教师队伍建设理念与实践研究[J].生活教育,

2021,340(10).

[50]陈建华.论陶行知的"艺友制教育"及其启示[J].南京晓庄学院学报,2009,25(04).

[51]陈晨.集团化办学,让乡村学校走上高质量发展之路——以海安市曲塘小学教育集团双楼校区的办学实践为例[J].教育视界,2021,198(10).

[52]李继宏,曹静.党领导下我国乡村教育的百年发展——庆祝中国共产党成立100周年[J].聊城大学学报(社会科学版),2021(5).

[53]刘铁芳.重新确立乡村教育的根本目的[J].探索与争鸣,2008(5).

[54]贺雪峰.农民价值观的类型及相互关系——对当前中国农村严重伦理危机的讨论[J].开放时代,2008(3).

[55]倪伟,方红.试论道德的关爱取向与公正取向[J].南京师大学报(社会科学版),2008(2).

[56]孙杰远.乡村教育应在文化选择中重塑主体性与自觉性[J].探索与争鸣,2021(38).

[57]邬志辉.中国农村教育发展的成就、挑战与走向[J].探索与争鸣,2021(38).

[58]李涛.中国农村教育的概念实质及未来特征[J].探索与争鸣,2021(4).

[59]王先明.中国近代绅士阶层的社会流动[J].历史研究,1992(2).

[60]李明,陈其胜,张军."四位一体"乡村文化振兴的路径建构[J].湖南社会科学,2019(6).

[61]石献记,朱德全.职业教育服务乡村振兴的多重制度逻辑[J].国家教育行政学院学报,2022(4).

[62]朱德全,杨磊.职业教育服务乡村振兴的贡献测度——基于柯布-道格拉斯生产函数的测算分析[J].教育研究,2021(6).

[63]曹志峰.服务农村产业革命的职业教育发展研究[J].贵州师范大学学报(社会科学版),2022(1).

[64]祁占勇,于志远.乡村振兴战略背景下农村职业教育的现实困顿与实践指向[J].华东师范大学学报(教育科学版),2020(4).

[65]曾欢,朱德全.新时代民族地区职业教育服务乡村人才振兴的逻辑向度[J].民族教育研究,2021(1).

[66]朱德全,王志远.协同与融合:职业教育服务乡村振兴的逻辑理路[J].陕西师范大学学报(哲学社会科学版),2021(5).

[67]杨磊,朱德全."三域"并进与"链式"推进:民族地区职业教育服务乡村振兴的融合行动[J].西南民族大学学报(人文社会科学版),2021(12).

[68]朱德全,石献记.职业教育服务乡村振兴的技术逻辑与价值旨归[J].中国电化教育,2021(1).

[69]殷彤丽.职业教育助力南疆乡村振兴战略路径研究[J].中国职业技术教育,2021(18).

[70]谢金辰,祁占勇.高等职业教育服务乡村振兴的经济效益——贡献率与回报率双重视角下的实证研究[J].高等职业教育探索,2022(3).

[71]林克松,刘璐璐.后扶贫时代职业教育服务乡村振兴的角色困境及行动策略[J].职教论坛,2021(11).

[72]吕鲲鲲.乡村振兴背景下农村职业教育现代化的自信危机与价值重塑[J].职业技术教育,2022(13).

[73]瞿连贵,石伟平,李耀连.乡村人才振兴视野下职业教育的功能定位及实践指向[J].中国职业技术教育,2021(6).

[74]唐志彬,郭欢.作为乡村"治理术"的农村职业教育:内涵与路径[J].教育发展研究,2020,40(Z1).

[75]王思斌.中国社会工作的嵌入性发展[J].社会科学战线,2011(2).

[76]丁波.农村生活垃圾分类的嵌入性治理[J].人文杂志,2020(8).

[77]易艳阳.场域嵌入:助残社区组织发展路径探析[J].南京大学学报(哲学·人文科学·社会科学),2019,56(3).

[78]朱志伟,徐家良.公益组织如何嵌入扶贫场域?——基于S基金会扶贫参与策略的案例研究[J].公共行政评论,2020,13(3).

[79]何艳玲."嵌入式自治":国家——地方互嵌关系下的地方治理[J].武汉大学学报(社会科学版),2009(4).

[80]李雪松.中国基层综合行政执法的改革逻辑:一个"嵌入性"的新议题[J].学习与实践,2020(10).

[81]赵聚军,张哲浩.干部挂职:基于政策目标变迁的"嵌入"问题三维呈现与发生机理[J].中国行政管理,2022(8).

[82]潘家恩,吴丹,刘坤.乡村要素何以回流?——福建省屏南县文创推进乡村振兴的经验与启示[J].中国农业大学学报(社会科学版),2022(1).

[83]周晓虹.试论当代中国青年文化的反哺意义[J].青年研究,1988(11).

[84]薛晓阳.乡村学校"在乡性"的危机与应对——以"乡村文化教育"作为一种应对战略[J].陕西师范大学学报(哲学社会科学版),2022(1).

[85]曲铁华.民国时期乡村教育的基本特征论析[J].四川师范大学学报(社会科学版),2019,46(3).

[86]侯仕军.社会嵌入概念与结构的整合性解析[J].江苏社会科学,2011(2).

[87]李鹏,朱成晨,朱德全.职业教育精准扶贫作用机理与实践反思[J].教育与经济,2017(6).

[88]郭俊华,卢京宇.乡村振兴:一个文献述评[J].西北大学学报(哲学社会科学版),2020,50(2).

[89]费孝通.反思·对话·文化自觉[J].北京大学学报(哲学社会科学版),1997(3).

[90]段会冬.被"窄化"的教育扶贫——黎族织锦专业发展的问题与反思[J].民族教育研究,2018,29(4).

[91]郑新蓉,王国明.教育公共性的嬗变——也谈我国农村教育兴衰[J].妇女研究论丛,2019(1).

[92]张济洲.农村教育不能永远姓"农"——论城乡教育关系的现实定位[J].教育学术月刊,2008(11).

[93]张济洲."离农"?"为农"? ——农村教育发展中的悖论[J].当代教育科学,2005(19).

[94] cook P, schienstock G. Structural Competitiveness and Learning Regions[J]. *Enterprise and Innovation Management Studies*, 2000, 1(3).

[95] Uzzi, B. Social Structure and Competition in Inter-firm Networks: The Paradox of Embeddedness[J]. *Administrative Science Quarterly*, 1997, 42(1).

网络、报刊：

[1]习近平出席中央扶贫开发工作会议并作重要讲话,2015-11-29,央广网.china.cnr.cn/news/20151129/t20151129_520628571.shtml.

[2]新疆生产建设兵团积极构建职业教育扶贫工作体系打好教育脱贫攻坚战.http://www.moe.gov.cn/jyb_xwfb/s6192/s222/moe_1767/202001/t20200117_415809.html.

[3]四川省"一县一策"创新探索"定制式"民族地区教育扶贫模式.https://www.sohu.com/a/333928325_428290.

[4]国务院办公厅关于印发乡村教师支持计划(2015—2020年)的通知.政府信息公开专栏.http://www.gov.cn/zhengce/content/2015-06/08/content_9833.htm.

[5]张烁.教育公平托举民族未来[N].通辽日报.2021-03-07(03版).

[6]中共中央国务院关于全面深化新时代教师队伍建设改革的意见[N].人民日报.2018-02-01(01版).

[7]中共中央国务院关于实施乡村振兴战略的意见[N].人民日报.2018-01-02(01版).

[8]中共中央国务院印发《乡村振兴战略规划(2018—2022年)》[N].人民日报.2018-06-26(01版).

[9]中共中央国务院关于全面推进乡村振兴加快农业农村现代化的意见[N].人民日报.2021-01-04(01版).